U0553371

Lead with Respect

A Novel of Lean Practice

金矿Ⅲ

精益领导者的软实力

[法]　迈克·伯乐
（Michael Ballé）　著
弗雷迪·伯乐
（Freddy Ballé）

赵克强　张炯煜　译

机械工业出版社
CHINA MACHINE PRESS

图书在版编目（CIP）数据

金矿Ⅲ：精益领导者的软实力 /（法）伯乐（Ballé, M.），（法）伯乐（Ballé, F.）著；赵克强，张炯煜译 . —北京：机械工业出版社，2015.5（2025.5 重印）
（精益思想丛书）

书名原文：Lead with Respect：A Novel of Lean Practice

ISBN 978-7-111-50340-8

I. 金… II. ①伯… ②伯… ③赵… ④张… III. 企业管理 – 通俗读物 IV.F270

中国版本图书馆 CIP 数据核字（2015）第 102727 号

北京市版权局著作权合同登记　图字：01-2015-1425 号。

Michael Ballé, Freddy Ballé. Lead with Respect: A Novel of Lean Practice.

ISBN 978-1-93-410947-2

Copyright © 2014 by Lean Enterprise Institute, Inc.

Simplified Chinese Edition Copyright © 2015 by China Machine Press.

金矿Ⅲ：精益领导者的软实力

出版发行：机械工业出版社（北京市西城区百万庄大街 22 号　邮政编码：100037）

责任编辑：卜龙祥　　　　　　　　　　　责任校对：殷　虹

印　　刷：固安县铭成印刷有限公司　　　版　　次：2025 年 5 月第 1 版第 24 次印刷

开　　本：170mm×242mm　1/16　　　　印　　张：13.25

书　　号：ISBN 978-7-111-50340-8　　　定　　价：45.00 元

客服电话：（010）88361066　68326294

本书是弗雷迪·伯乐和迈克·伯乐父子档一系列精益小说的第三集。在第一集《金矿》中，他们将精益工具及其实践，以说故事的方式描述一个企业的转型；在第二集《金矿Ⅱ：精益管理者的成长》里，把管理者在精益管理转型的过程中，如何追求系统的完整性呈现了出来。

在第三集《金矿Ⅲ：精益领导者的软实力》中，作者更进一步阐释精益领导力，示范了一个精益企业的领导者应该具备的行为素养。一个企业领导最关键的责任，是培养组织里的各级领导，使之具备解决问题的能力。故事里的主角是南角软件公司的 CEO 珍妮·德蕾妮，而该公司在欧洲最主要客户的副总安迪·沃德则扮演珍妮的辅导老师。在安迪的教导之下，珍妮亲身到自己公司的现场去观察问题，教导下属解决问题的方法。安迪的当头棒喝："你就是问题！"一句话启动了珍妮自身的转变，进而带动了南角的变革。

读者如果是第一次读伯乐父子的书籍，我在此欢迎诸位即将进入一个充满挣扎和各种难题的世界。和前两本书一样，本书也有一个皆大欢喜的结局：南角最后排除万难走向变革之路，公司业务因此而蓬勃发展。对已经读过《金矿》和《金矿Ⅱ》的读者，我很高兴与你们分享我的喜悦，因为这几本书中的主人公鲍勃·伍兹、菲尔·詹金森、安迪·沃德依然在传授与教导精益理念和精益领导者的行为素养。通过一棒接一棒的薪火相传，从鲍勃接受日本丰田老师的教导开始，传到菲尔，再传给安迪，一直到现在传给了珍妮。这正是过去30年里，精益圈中薪火相传的写照。从精益的学生成长为精益老师，不断地将精益理念和实践应用在各种有增值活动的领域，并扩散到世界各地。

读伯乐父子这一系列的书，无论是前传还是续集，或不按顺序地读，都能够从中汲取相同的理念，获得启发。此外，这几本书都非常有趣，引人入胜！

当然，你必须把知识变成可持续的行动，并且以身作则地去实践领导软实力，去培养员工。这种教导领导软实力的技能只有经过不断练习才能掌握，你在这个长征的途中，像其他薪火相传的精益信徒一样，遭遇不同的困境和挣扎。读伯乐父子的书能帮助你顺利地启动，并加速员工个人和组织上的变革。我在此祝福诸位，就像书中的安迪和珍妮一样，在精益的旅途中顺利成功！

詹姆斯·沃麦克

于巴特岛，缅因州

2014 年 7 月

领导力是精益实施成败的关键

由于曾经长期在佛吉亚任职，我曾亲身实践了原佛吉亚高级副总裁弗雷迪·伯乐先生首创的"佛吉亚卓越体系"。应当说，这是弗雷迪·伯乐先生为佛吉亚量身定制的一套管理体系，凝聚了他本人多年精益实践的精华。后来，经赵克强博士介绍，我在上海又有幸结识了他的儿子迈克·伯乐博士。

可以肯定的是，在过去多年的企业管理过程中，伯乐父子撰写的《金矿》一书使我受益匪浅。记得我曾在 2006 年建立"佛吉亚中国大学"，并将这本书推荐给我们每位员工，人手一册。作为当时佛吉亚中国区总裁，我也亲自教授部分课程，借以推动精益在全公司的推广和实施。

今天，有幸又拜读了伯乐父子的新作《金矿Ⅲ：精益领导者的软实力》，结合这些年自己的精益实践，感触颇深。伯乐父子以系列小说体再次为我们诠释了实施精益的关键，那就是领导力。因为，无论企业的性质如何，经营的业务和范围是什么，工艺简单还是复杂，要想有效地实施精益，第一关键是人，第二关键也是人，第三关键还是人。如果不能有效地调动员工主动去实施持续改善的积极性，企业的精益是无法落地的。而能够调动这种积极性的关键在领导力。

目前，我所奉职的公司属于精细化工企业。在精益实施初期，员工对汽车行业广泛实施的"精益生产理念"能否应用到连续流的企业有过不少质疑。两年来，我常常亲自下车间调查研究，解决问题，组织培训，激发员工持续改善的积极性，收到了明显的效果，生产效率大幅提高了 50% 以上。

实践证明，领导力是精益实施成败的关键。

如果说《金矿》教给我们的是精益生产的理念和工具，那么《金矿Ⅲ：精益领导者的软实力》则一语道破精益实施的核心问题，想必会对我们这些致力于精益实践的管理者产生更为深远的影响。

陈业宏（Chen Armand）

罗盖特全球执行副总裁，亚洲区总裁

谨识于 2015 年 5 月上海

从 TPS 看精益领导力

拜读伯乐父子的三本经典小说，对于伯乐父子的经验、敏锐的观察力与想象力，佩服得五体投地。而其中最让我吃惊的是，他们竟能将大家所忽略的，也是难以用笔墨形容的"人味"，如此自然地融入"传统上以效率挂帅的职场"之中，让大家对"团队合作才是有效率的工作方法"有了进一步的认识。当然译者传神地传达作者心思的功力也功不可没，相信读者也必可从中吸取到精益转型的精华。

在 20 世纪 80 年代初期，台湾曾与丰田汽车公司交涉大汽车厂的计划，当时我正值壮年，对丰田生产方式充满着憧憬，因而跃跃欲试。虽然该计划最后未能实现，但几年后我仍因对丰田汽车的向往，而进入了丰田汽车在台湾的子公司——国瑞汽车公司，开始了近 27 年的丰田生产方式之旅。

在丰田的门外，可以靠着大野耐一先生的经典书——《丰田生产方式》，对丰田生产方式略知一二；入了丰田的大门，如何学习、实践丰田生产方式呢？

进入公司两个月后，我即被派遣到丰田汽车的海外人事部门，接受了一个月劳务管理（劳资关系部门）的观摩与训练。当时丰田才刚开始包括美国在内的海外投资计划，认为与一般生产方式迥异的丰田生产方式，必须建立在"丰田式的人事系统——长期性的选才、育才、用才"的基础上，才能在海外扎根。我躬逢其会，刚好补足了丰田生产方式在地面下隐而未见的深层竞争力来源。

接着在 20 世纪 80 年代末期，正值丰田大量增产，同时国瑞汽车也因供不应求，正准备双班制生产事宜，而逐步地招募与训练人员。在双班制生产之前，即将优秀的现场主管投入丰田的生产线训练实习。我身为教育训练部门主管，有机会游走于丰田各工程的现场，协调实习计划与处理研修生的问题。亲身在现地现物与丰田人、丰田现场、丰田现场的氛围接触，让我对丰田生产方式中"如何将人融入传统上以效率挂帅的职场中的做法"，有了切身的体会。

之后的 20 多年，我历任制造现场的主管，与负责公司内外丰田生产方式转型的部门，其工作内容都是在实践进入公司初期，在丰田现场的所见所闻。也就是每天持续地发现问题，追究真因，思考与实践对策，再确认效果，形成新标准的循环。其中最让我困扰的事还是与相关人员的沟通与协调，常让我备感挫折。因此也让我确实理解了丰田人朗朗上口的"造物之前先造人"的思维，也是在这样的状况下，体会了我先生教我的："只要认真做，必会遇到让你茅塞顿开的解惑之人。"

本书作者伯乐父子正是我的解惑之人，其系列著作除了例行的精益手法之外，独特之处在于多了许多人情世故的处理。正因为企业与职场本是人的组合，社会万象每日都在公司中上演，因此书中许多故事都仿佛亲历其境。我认为也许是因为他们未身陷"丰田生产方式"窠臼，站得高看得远，反而更清楚全貌，因此也补足了我过去"着重方法，缺乏人文关怀"的不足。

赵克强博士曾寄给我"别以为自己心中的那把尺一定是直的"讲义，我拜读再三，文中的情境即是我每天遭遇的环境，精益转型的关键在于让"人"——对方或自己，改变心意而愿意采取不同于传统的方法。但"人人心中都各有一把尺"，让我自我反省"别以为自己心中的那把尺一定是直的"，怎么办呢？

本书指引给我们一条明路，男女主人公是身为老师的安迪与身为学生的珍妮。作者把现场观察、挑战、聆听、指导解决问题的技巧、支持、团队合作与学习等精益战略与方法，用书中不同的"人与事"贯穿起来，一气呵成，诚属难能可贵。这些都与丰田为传承其创业精神，发表于 2001 年的《Toyota Way 2001：持续改善与尊重人》的理念相呼应。这几个字看似简单，其根底却蕴含着丰田集团 100 多年来，先贤们处理人事、领导问题时，无限的实践经验与汇集的智慧。

我郑重地推荐本书给大家，科技始终来自于人性，尊重、关心周遭供货商、同仁与顾客，以支持、引导代替领导，将可以引爆出更多的可能性与能量。愿本书带给各位读者更多的工作乐趣，让生活更美好。

李兆华

中国台湾国瑞汽车

2015 年 1 月 31 日

精益领导的软实力

我很高兴拜读了法国作家伯乐父子的第三本金矿系列小说《金矿Ⅲ：精益领导者的软实力》，对他们两位孜孜不倦地研究精益理念与应用，并分享经验的敬业精神特别感动。这本书的中心人物是一个中小型软件开发公司的总裁，她领导的企业曾经一度很成功，但随着经济大环境的变迁，以及激烈的市场竞争，再加上员工缺乏团队协作的精神，公司面临着倒闭的危机。

她的救星，也是她的老师，是一位重要客户的主管。他的一句话"你就是问题！"唤醒了这位沉浮于企业管理数十年的老板。这记警钟把她敲醒后，她亲身到现场去发掘问题，寻找企业存在的目的，并且拜师学习解决之道。书里总结出一个企业转型的模式，有五个要素：

- 由领导亲身到现场去认识问题，不能委托他人；
- 掌握现况与目标的距离，然后逐个解决问题，改善流程，缩短差距；

- 利用流程改善的机会，去培养员工解决问题的技能；因为员工是企业最重要的资产，没有他们的自发与动力是不行的，不可能每件事都由领导层来主导；
- 寻求企业的目的，明确"真北"方向，让员工明了企业的目标；
- 建立企业文化：尊重客户，爱护员工，暴露问题，团队协作，持续改善。

书中用人物与故事把领导的软实力描述得非常清楚，并且容易理解。读完后就像对着一面镜子，可以帮助大家反省：企业面临的问题到底有哪些？为什么每天到处救火，但是却不见效果？为什么员工会跳槽？经营企业的目的是什么？企业的文化又是什么？谁应该来主导企业转型？

《金矿》中文版于 2006 年出版后，迄今销售已经超过 5 万册，该书描述一位创业者遭遇企业倒闭的危机，如何使用精益生产的方法扭亏为盈的故事。接着 2010 年出版《金矿Ⅱ：精益管理者的成长》中文版，描述一位职业经理人，面临工厂关闭的危机，如何实施精益管理系统，激发现场员工去挖掘问题，管理层去帮助解决问题，鼓励团队合作的故事。新书《金矿Ⅲ：精益领导者的软实力》更深入地探讨企业的核心问题：精益领导力与企业文化。整个"金矿"系列从精益生产到精益管理再到精益领导力，层层相扣，经过伯乐父子的生花妙笔婉婉述来，真是三本不可多得的好书。

感谢密歇根大学毕业的简立翰博士、朱杰博士以及闻一龙先生的翻译初稿，文字中涉及管理理念与人际关系，从文化上与文字上都很艰深，难为了三位年轻朋友。张炯煜先生是我过去的同事，他帮助我推敲把关，逐字逐句地校对，相当辛苦。最后由李兆华兄审阅，整个翻译工作历时一年时间。我很高兴能在 2015 年全球精益高峰论坛之际，邀请伯乐父子专程到上海来发表演讲，并发布这本新书。希望读者们喜欢，并且认识精益领导的软实力。

赵克强博士
精益企业中国总裁
谨识于 2015 年 5 月上海

Lead
with
Respect **目录**

推荐序一
推荐序二
推荐序三
译者序

第1章　领导到基层去学习 // 1

第2章　将成功与价值挂钩 // 24

第3章　员工自主解决问题的管理方式 // 54

第4章　人人参与改善 // 89

第5章　学习的真谛 // 111

第6章　培养领导干部 // 135

第7章　加强团队合作 // 163

结语 // 190

译者简介 // 200

领导到基层去学习

珍妮·德蕾妮实在无法忍受了。

这位南角软件公司的女总裁向她的一个重要客户——奈普拉斯公司的业务代表们说道："你们实在有点过分。你们知道我们在这个项目上面花费了多少心血吗？我们提供了这么多服务，但你们却尽挑毛病，把我们辛苦的成果批评得一文不值，一点都不顾及供应商的辛苦。"

为了显示她对团队的支持，她冷静下来，并继续说道："我很清楚你们是客户，但是我不能坐视我的同仁被如此对待。你们放心，你们提出的问题一定会获得解决。我们南角一向致力于为客户服务，我们只需要多一点时间。"

奈普拉斯的副总裁安迪·沃德目不转睛地注视着珍妮。他们已经在这个项目上面耗费了六个月的时间，但却还没有完成第一个既定目标。除非有重大且迅速的突破，否则这个项目不仅无法准时完成，双方的合作关系也可能会因此结束。他觉得是该好好沟通的时候了。

"珍妮，"安迪沉着地说，"我们的确碰到了挑战，但我不觉得这些问题能在会议桌上解决。我们俩能在你的办公室里谈谈吗？"

他们两人回到总裁办公室，面对面地坐在办公桌的两边。

"目前的问题就是你。"

"什么——"珍妮脱口而出，但又即时将话吞回肚子里。安迪是客户，而这个项目进行得不很顺利。但是……啊，这会是真的吗？

"你这是什么意思？"珍妮重新问道。

"目前的问题就是你，"安迪重复地说了一次，他的平静反而有点激怒了珍妮。

"你向我们说了那么多好听的话，说要与供应商发展合作伙伴关系，现在你却把指责的矛头对向我们？"珍妮稍停后又继续说道，"我同意我们彼此在沟通上有些问题，但是沟通是双向的。"

"我说的'你'，指的并不是你的公司，"安迪严正地告诉她。"我指的是你，你个人。因为你是这里的负责人。"

珍妮怒视着他，不相信她听到的话。

安迪坦率地看着她说，"身为企业的主管，我们的责任是让员工们成功地把他们的工作做好。他们有成功的权利，但却并不一定是义务。这说明，身为一个主管的职责非常明确，我们需要了解员工们工作上的每个细节，才能帮助他们克服那些妨碍成功的因素，例如工作环境的安全问题、负荷量过大、组织不周全、原材料以及零部件缺陷、作业方法不良，等等。如何把这些障碍移开就是我们的工作。"

"你凭什么——"

"珍妮，我认为你必须搞清楚客户要什么，并且清楚地了解你的团队每天都在做些什么，唯有这样，你才能帮助他们完成任务，我们也才能有建设性的合作关系！"

安迪停顿下来。珍妮的怒气看似即将爆发，她不能忍受被如此训斥。但她却理智地阻止自己做出任何过激的回应，因为她知道，作为一位成功的女性，往往容易被他人视为太苛求或太过感情用事。她坐回椅子上，面无表情地瞪着安迪·沃德。

"我知道我说的这些话不中听，但很抱歉，我必须对你直说，"安迪继续说着。"我今天来是为了了解状况，但是经历了刚刚的会议，我有意终止这个项目。这也是我的采购经理向我提出的建议。相信你也会同意，刚刚的会议像是一场角力赛，而不是一个高效解决问题的会议。说实话，我们不愿意在这种不增值的工作环境里，再浪费更多的时间。"

"但是——"

"不过，"安迪打断她，"这个项目对我们公司非常重要，并且在双方需要沟通了解的基础上，我愿意花时间和你单独谈话，希望你能了解问题的关键点。不知道你听不听得进去？"

珍妮不喜欢安迪的傲慢态度，她把这份不满归咎于安迪身处汽车业太久。因为他与其他霸道的主管共事太久，以致练就这套求生的本领。但是珍妮平心静气地想了一下，她又认为安迪的态度其实也没有太恶劣。或许应该说她不满的是他说话太过直率，以及他那些许自视甚高的说话语气。但他现在安静地站在那儿，看着他的鞋子，一副不很自在的样子。天啊，这年头公司的高管们看起来真够年轻。珍妮估计安迪不过 40 岁。他高高瘦瘦，顶着减少的黑发，清澈的蓝眼睛底下有着深深的眼袋。他是奈普拉斯公司欧洲地区的副总裁，这是一家颇具规模的汽车零件供应商。他主动来拜访南角软件，这出乎她的意料，因为她通常都只与 IT 人员打交道，很少接触客户的高层领导。还有一件事，她内心很清楚，南角软件的现况已经不起再失去一份合同了。

她强自镇静地告诉自己："你可以办得到的，目前最重要的事是保留颜面，保住合同。"

"我不明白你所说的'问题在于我个人',这是什么意思?"她用比较平和的语气回答。"我是因为前一任项目经理,彼得·罗格兹突然辞职离开南角软件,搅乱了整个团队作业后,才接触这个项目。"

"没错,但那只是问题的一部分。我们之所以想继续与你的团队合作,是因为我们过去与彼得合作愉快。他为我们提供了很多有价值的工作,成果非常显著。他离职前曾通知过我们,他在寻找新的工作机会,因为他无法再忍受南角软件的工作环境。"

"什么?"珍妮无法忍受地反问道。"他居然背着我……跟你说他因为我而辞职?他未免也太过分了——"

"他倒不是针对你,"安迪打断她。

"那是为什么……"

"唉!我的团队明明知道项目进行得不顺利,却没有采取任何行动,作为客户,我们的确也有责任。我们并没有尽心地培养双方的合作关系,这也是为什么现在的谈话会进行得如此艰难。"安迪接着说,他冷酷的表情给人一种感觉,似乎他对接下来要传达的信息很有信心。"你是南角公司的总裁。我现在告诉你的是,这一切都要归结到你的身上。"

"什么?对不起,贵公司不停地更改项目的设计方向,要求不明确,又不肯接受我们提出的建议,其实我们非常了解我们该做的事!而……现在,你却说这些都是我的错!"她说完后,心里有一点疙瘩,她是否为公司辩护过头了,把她对奈普拉斯的不满都说了出来。

"是的,"他冷淡地回答。"我清楚你现在的感受。很久以前我的总裁也跟我说过同样的话,我难以接受。我怎么可能成为问题?当时所有的一切都行不通!"

"珍妮，请容许我解释给你听。你前面曾提到'尊重'。尊重对奈普拉斯公司来说有多层重要的意义，它是一种实践的作为。我们主要的策略是从培育公司人才，来达成公司的成长目标，"安迪继续说道。'我们称之为'领导软实力'。这是一门艺术，需要经过许多实际的行动才能领悟，不是光挂在嘴上说，就能体验得到的。"

"我们尊重所有人的经验及创意，包括客户、员工和供应商。"安迪继续说着，"也尊重大家在工作上，有安全与获得成功的权力。"他用手势来强调他接下来提出的重点：

1. 让员工全程参与解决问题的过程，尽力去了解每个人不同的观点。

2. 当我们努力去消除不符合要求以及不增加价值的工作时，目的是提升产品质量、生产力以及柔性生产的灵活性。因为唯有高效的生产力才能为企业创造效益。

3. 分享成功，并且奖励员工参与和自主自发，以期我们'尊重员工'的努力能获得员工的信任，支持公司的长远发展。没有满意的员工，就无法创造出让顾客满意的服务。

"这就是我们公司所经历的过程。"安迪看着珍妮，双手互搓着说道。"当然不是每件事都能成功，但起码大家每天都努力地遵循着这套模式去做。这一切并不简单，也不可能自然地发生，是个艰难的过程，尤其对你企业的领导，因为他们必须带头去做。因此，我们认为领导是一个先决条件，如果你无法了解我们所说的'领导软实力'，我怀疑我们是否能成功地继续合作。"

"让我重新声明，"他靠着墙说。"客户与供应商的合作伙伴关系对我们公司来讲非常重要，但并不是没有条件的。对于每一个供应商，我们要从'结果'与'关系'两个层面来看。我们试着清楚地定义这两项要求，'结果'比较简单，可以用财务或其他营运绩效来作为测量标杆。"

珍妮点头，紧闭双唇。

"但是，我们也了解唯有在建立互信与稳定的合作基础上，供应商才会持续有好的表现。

我们认为双方合作的成果是经由一步步不断改善，慢慢累积而成的。双方的领导必须做出承诺，努力去营造一个良好的合作关系，其中最关键的是对人对事的态度。因此，第一步就是要真诚地去了解对方。"

"阿门!"珍妮说道，她对安迪的布道词同意中却带着讽刺。"我完全同意你的说法，但这需要在实际行动中表现出来。你把'尊重'说得那么崇高，但贵公司不是以执行精益而出名吗?"

"对不起，我没有听懂你的意思?"安迪讶异地问。

"好吧!"她回答说。"我们都知道'精益'代表的是：持续地追求生产力的提升，采用高压的管理手段，逼得员工们精疲力竭，压榨供应商，不放过赚任何一分钱的机会。我不会忍让贵公司对南角提出的不合理要求。"

这次该换成安迪被激怒了。"是的，精益是我们公司的战略主轴，也是我们为什么能够比竞争对手成长快两倍，并且获利多两倍的原因。你刚刚所描述的'精益'完全与事实不符。对我们来说，精益思想代表的是持续地努力提升安全、质量、柔性化以及生产力；其手段是鼓励员工参与解决问题，他们的主动和创意会引导公司在业务上的成长以及在产品上的提升。"

"你所说的精益对员工施压是不正确的，事实上，'施压'这个词用得根本不恰当。我们的确给员工施加一些压力，但那是一种正面的压力，鼓励他们学习，并给予展示能力的机会。我们坚决反对你提到的超负荷工作；事实上，我们对员工的安全，包括身体上与精神上的，看得比什么都重要。安迪认真地继续说道，"外界有些人误把泰勒主义者（Taylorist）提出的削减成本认为就是'精益'。其实精益思想所追求的，并不是要求员工付出更多劳力，而是希望员工能工作得更有效率。这是两个截然不同的理念。对我们来说，精益就是挑战员工去找出问题，并且培养员工解决问题的能力。我不知道你过去所学的精益思想是什么，但现在是个好机会，你可以跟着我们一起来学习**精益思想的精髓，那就是改善（kaizen）与尊重**！"

"尊重?"她不经意地笑道。

"没错，尊重，"他认真地重复这个词。**"尊重每个人都能充分地发挥个人的能力，尊重每个人都想要成功的愿望，并且尊重相互了解，同心协力一起解决问题。"**

"听起来很美！"她简短地说。"这样吧，不如你明白地告诉我，你究竟想要我们怎么做。"

"很好。"安迪点了点头。"我愿意继续进行这个项目，但有一个先决条件，你必须做出个人的承诺，你愿意在我们的指导下，建立双方的合作关系。一旦进行顺利，你将会获得许多新项目，因为我们有好几个工厂对你们经手的项目有紧迫的需要。

"我不明白'你们的指导'是什么意思?"

"如果你愿意学习的话，我愿意传授给你我们的工作方式，就像当年我的总裁教导我一样。"

"教我?"她愣住问。

"是的。你必须承诺你愿意学习如何与我们一起工作，我指的是你个人。"

在紧张的沉默中，他们互相打量着对方。

"我了解这番谈话不是你早先预期的，"安迪先开口说话。"我愿意和你分享一些我个人的经验。当我还在担任厂长的时候，曾花了很长的时间才明白为什么我必须先学习，才能解决工厂的问题。⊖因此，我现在只要求你好好地思考

⊖　Ballé M. & F. Ballé，*The Lean Manager.*

我刚刚说的那些话。如果一星期内没有收到你的回复，我们双方的合作就到此为止。你认为如何？"

她点点头，不再说话，试图让自己平静下来。她将安迪从她的办公室引领回大厅，在那里奈普拉斯的其他成员和她的团队都不耐烦地在等待他们的出现，准备分道扬镳。好个紧张的合作关系！

安迪登上出租车的时候，深深地叹了口气。他对今天的会议有两个看法：一方面，他对珍妮感到抱歉，置她于如此的困境。虽然她当时看上去的确很生气，双方的感觉都不好，但是这场谈话是绝对有必要的；另一方面，他对自己能够面对这么一位女CEO而感到自豪，虽然他表现得不很客气。他很努力地在寻找一个平衡点，既要直接，又不能太强势。他在面对困难的时候，有时会把持不住，显得有点霸道。他的总裁菲尔·詹金森先生曾经告诉过他，要多把握机会，加强自己处理异常状况的能力。因此，他对自己今天的表现，大体还是满意的。

经过菲尔多年的辅导，安迪对于'领导软实力'，已经有相当的心得。他把这个模式总结为7个步骤：①现场观察；②挑战；③聆听；④解决问题的技巧；⑤支持；⑥团队合作；⑦学习。

1. **现场观察**是精益实践的一个基本理念。因为每件事情都在特有的环境下发生，而产品是由员工们做出来的，并不是靠流程、系统或部门完成的。因此实地观察的目的就是到现场去，亲自观察状况，与员工接触，对他们提出问题，给予支持，并且向他们学习。

2. **挑战**的目的是帮忙理清工作改善的方向与目标。但不直接为员工提供答案，反而用提问题的方式，来引导大家对问题的描述、解决对策，以及预期进度达成共识，取得一致的方向。

3. **聆听**就是了解员工在工作上所遇到的障碍，从他们的角度去看需要克服的障碍，并且了解他们在逆境中所经历的气馁时刻。了解不代表同意，但是彼此的了解对建立一个相互信任的关系，有如磐石般地重要。

4. **传授解决问题的技巧**是发展员工独立思考分析的一个重要课题。这包含着清楚问题，认真地挖掘根本原因，避免草率地提出解决方案。这个技能的培养需要长期的辅导，最重要的一点是必须给予员工思考的空间，让他们自己从错误中学习。

5. **支持**的意思就是帮助员工在工作岗位上，能够专注投入和积极参与。要让员工们专注投入到工作中去，鼓励他们遇到问题的时候，即使有失败的可能，依旧勇于尝试新方法，因为培养解决问题的技能，可以帮助减少将来的失败可能性。同时，要想鼓励员工们积极参与，必须肯定他们提出的改善点子，让他们看到个人对公司做出的贡献。

6. **团队合作**即是培养员工与同事合作的能力。安迪发现，随着他个人的责任扩大，团队合作就越发显得重要。他需要部属们自发地跨越职能领域，从不同的角度一起来探讨问题解决之道。

7. **学习**是安迪自身正在摸索的一个步骤。随着他的部属不断地尝试解决问题的同时，他看到许多意想不到的行动方案，以及一些很有创意的解决方法。他因此对于哪些是可能的，哪些是不可能的看法，也有进一步的认识。他发现当某些管道被封闭时，又有其他的管道开启了。他因而对挑战有更深刻的理解。

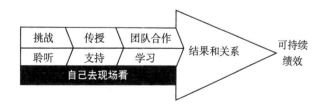

他把以上这 7 个步骤视为实践"领导软实力"的 7 个要素，他每天忠实地

去执行，希望有一天变成他做事的习惯。他发现这套"领导软实力"的管理模式比他预期的强而有力，困难点在如何平衡追求结果与聆听员工的努力。这就好比一个两缸发动机，两者必须互动。

当安迪还没有担当欧洲整体业务之前，他曾担任一个工厂的厂长。他在处理类似的平衡问题时，经常会掉入两端的深坑里。最初，他过于同情员工，甚至不惜违背上司的指示，因此差点丢了工作。之后，他又矫枉过正，成了一位小暴君，虽然建立了立竿见影的成果，却把工人逼上罢工的路，让他差点再次丢掉饭碗。他很感谢他的总裁，菲尔·詹金森先生对他的耐心，菲尔教他如何平衡强势领导（指出明确方向）与协作（聆听员工的意见），并从他们的角度去了解他们的问题；以及如何平衡技能、赞赏和肯定。

然而，要想改变一个人的思维模式非常困难，往往是做也不对，不做也不对。安迪知道要想获得对方的注意，他必须直截了当；但根据他过去的经验，他知道如果过分地伤害对方的自尊，他将无法迈出第一步。他从过去的经验中领悟到，尊重以及精益思想很难用言语解释得清楚，除非身体力行，才能从实践中认知。换句话说，要想掌握这套方法，只有实干并且累积经验。那些最好的书籍、参考材料以及研讨会只是案台上的工具，唯有实践才是学习精益之道。回想与珍妮·德蕾妮谈话的那一幕，安迪不知道他是不是应该把实施精益的好处，做一个更清楚有力的说明。

一个最好的例子就是奈普拉斯公司，营运得非常成功。5年前菲尔·詹金森接管公司，推动精益改善，今天企业的市值已经增长了4倍。他们先后并购了另一家公司以及几间工厂，包括他目前正在整顿的斯温顿（Swindon）工厂。虽然全球汽车市场低迷，但他们公司的市场份额却逆势成长。更重要的是，奈普拉斯公司的效益比其他竞争者高出2倍。安迪因为工作努力，并且愿意学习，因此在公司里颇获重用，快速地从厂长晋升为欧洲区的副总裁。当他回想起来，正是精益思维的理念为他个人带来了超出预期的财富。不过这不是重点，他认为能跟随菲尔工作非常有意义，有时甚至觉得很有趣。

菲尔·詹金森先生的管理风格与安迪见过的其他老板们大不相同，他相信只有员工，而不是靠组织或系统来创造成果。根据他的理念，企业的业绩来自优秀的人才以及合理的流程，而流程又是由人制定出来的。菲尔从来都不会想去设计一套解决方案，然后找人去实施；相反地，他会用心地去培养人才，一旦业务发生问题的时候，员工会自主地去寻找答案。他经营公司的方式，不是运用身边少数头脑，去管理很多双手；而是挑战公司全体员工，用他们的大脑来推动业务发展。

事实上，精益思想和尊重都与"人"息息相关，但不仅限于软性的私人情感。安迪了解要想提升公司业绩，必须先改善流程；而要改善流程，必须加强员工的技能及其与其他同事合作的意愿。这就是"领导的软实力"，也是创造业绩的基本理念。他发现最奥妙之处是，当员工越擅长于个人工作时，他们所创造出来的工作流程，就越难被竞争对手复制。因此，"领导软实力"其实是一个竞争优势，他人无法复制你的员工，除非他们也遵循同样的道路，去领悟这套学习曲线。

安迪面临的挑战是，如何辅导员工使用这套方法。他对"领导软实力"并不是一种盲目的信仰，而是切身工作所累积的经验。但是如何带领别人去使用这套方法，对安迪来说，仍然是一个待解的谜题。尤其他当前必须快速地扭转庞大的欧洲分部，以及众多的供应商，因此这是一个迫切需要解决的问题。他怀疑自己给予珍妮·德蕾妮的挑战是否太多了，但他不知道还有什么其他更好的方式能让她明白这个道理。他提醒自己，人们往往无法了解未知事物，也无法看见摆在眼前的问题，除非有人刻意地去点醒他们。

安迪回忆起当年总裁大人和他的谈话，那时他管理的工厂经营不善，他感到很大的压力，心里又很气愤。但是他很快就发现，当他停止和菲尔争辩，并动手去尝试改变时，菲尔总是很有耐心，并且能够容忍他犯的错误。在这个过程中，工厂的氛围逐渐改变，形成了一个员工们愿意把对事情不同的想法说出来，大家彼此信任的氛围。

安迪身为副总裁，他在公司内部可以直言不讳，有足够的信心去引导他的部属，大家也接受他的指示。不过这回在南角公司发生的情况截然不同，这次的挑战是如何把这套管理方法传授给一位不向他汇报，而且还多次暗示不屑向他学习的供应商公司的CEO。珍妮·德蕾妮是位具有多年管理经验的总裁，不过安迪今天对她的态度，却把她当作普通员工。珍妮很可能完全误解了安迪所说的"尊重"，并感到对她缺乏尊重。安迪担心他当时的态度与挑战有点过于强硬，不过这一切已经发生，更何况他不知道有什么更好的方式能让她洗耳恭听。当然，这么做的风险是彻底地冒犯了别人，并永远失去对方。安迪无奈地提醒自己，事情已经发生了，后悔也来不及了。他今后会继续探寻更有效的方式，让他的供应商也学习这套精益管理的方法。他下次对珍妮·德蕾妮会温和些……如果还有下一次的话。

珍妮·德蕾妮也在想着同样的事。

"奈普拉斯的项目已经结束了，是吗？"西蒙·邦塞尔问着，他是那个叛徒彼得·罗格兹离开之后，接替他的项目经理。

"我还不知道，"珍妮叹了口气，但没有把绝望挂在脸上。"要不是你们的表现，今天恐怕不至于此！"

"哦，公平一点吧，"测试经理丹妮拉·韦伯插嘴说道。"你亲眼看到他们是什么样子。如果他们已经有了答案，那还需要我们做什么？"

"安迪·沃德副总裁刚刚告诉我，他们对彼得过去给予的合作很满意，"珍妮冷冷地回答。

"又来了，"西蒙叹了口气。

"好吧，"珍妮同意"我们不再讨论这件事了。我刚刚跟安迪谈话时，你们对下一步的工作达成了任何协议了吗？"

"他们开出了一个行动计划，"丹妮拉回答。"其中没有任何具体的逻辑，只是一张待办的事项清单。"

"你们听好，我们明天早上好好讨论这个清单。今天就此收工吧。"珍妮做了结论，"大家都回家好好想一想这项合作，合同还没被砍掉，但是接近边缘了。记住，失去奈普拉斯这个客户，对我们公司来说将是一个重大挫败。我期待你们今晚都能好好思考，并自我反省。这个项目就寄望你们了，我相信我们可以办得到。"

珍妮开车返家的途中，因为碰上高峰时间，所以交通堵塞。她的车缓慢地在她熟悉的道路上移动，她通常比较晚下班回家，想起来至少还有一个好处，交通没有这么堵。她对周边的事情都感到不顺：交通，她的团队，还有最令她生气的，那傲慢自大的客户。

最糟糕的是，安迪·沃德触动了她一条敏感神经。2 年前，当南角软件的创始人，也是独资老板大卫·马瑞斯，决定卖掉公司回南非养老时，三位资深的主管合资，并找来一家私募公司投资，买下了这家公司。珍妮·德蕾妮担任董事长兼总裁，罗勃·泰勒担任主管销售的副总，而麦克·温布利接手了技术总监的位置。虽然这两年来公司曾遭遇过风险，大家对公司的前景也有疑虑，但纵使 100 年，珍妮也不会想到她会有失败的一天。毕竟，在大卫任期的最后几年里，几乎都是她在掌管公司的业务。特别是当大卫卷入第三次离婚时，当时非常麻烦，迫使他回到南非老家。

珍妮对自己冷笑了一下，她倒还对大卫那老头有点怀念，因为他在位的时候，一切都很顺利。自从他离开之后，好像就只有坏运气和麻烦，她不明白为何当前一切都那么困难。经济没有复苏的迹象，软件行业的竞争比割喉还残酷，而吸血的股东和银行家每个月都不放过他们应得的那一份，每个月准时来收款。南角公司已享有一定的声誉，在金融界有几个大项目，这是他们最早切入的行业。后来又进入了制药业，最近则开启了制造业及仓储业。南角的员工虽说不上都是最精干的一群，但也都颇具水平，不比同行其他软件公司差。也许，比其他家贵一点，但是，总体来说，客户对南角的服务还相当满意。

珍妮还没有搞清楚，为何自大卫离开后，她相继失去了几个大公司的合同。鲍勃虽然努力地开发新客户，但是每个新项目似乎都比以前艰辛，而且利润迅速下滑。如果她再不找出方法扭转情势，很快面临的将是无法支付银行借款。一旦不能遵照契约付息还款，其他一切都将失控。好吧！现在回来思考眼前奈普拉斯这个难关。

　　　　　　　　　　　　〜

德蕾妮挣扎着打开大门的门锁，提醒自己得叫人来修理了。她的小女儿玛丽趴在电视机前的地毯上做功课，开着她的小音响，书本与杂志散了满地。这幅景象总是让珍妮抓狂，不过她还是给了她一个飞吻，并没有开口责备她。

"妈，"玛丽几乎没抬头地叫了她一声。"莎拉在楼上，她今晚在家过夜。"

她的大女儿莎拉是大学一年级的学生，平日住在宿舍。今天一定发生了什么事，可能是另一个需要解决的危机。

珍妮突然感到怎么事这么多，压力太大了。她连皮包都没有放下，直接穿过开放式的厨房，踏出室外到她的小花园。一股强风吹来，冬天的繁星冰冷地闪烁着。她把手伸进皮包里，拿出这周早些时候买的那包香烟。时间，她需要时间去思考，是思考的时候了，该整理自己的思路了，是时候该好好搞清楚业务的状况了，是时候该好好照顾孩子了。是时候——

"妈？我闻到烟味。妈！你答应过戒烟的！"

　　　　　　　　　　　　〜

"奈普拉斯不了解自身的问题，"西蒙平静地说着，他是公司里最资深的项目经理，对软件技术非常了解。这几年来，珍妮发现西蒙的平淡语调与温和态度掩饰了他的固执己见的性格。

"请继续说，"珍妮注意地听着。

"首先，奈普拉斯的管理软件烂透了，像是上古世纪留下了的产物。不但速度慢，用户操作界面混乱，数据结构也不连贯，使用起来简直就像噩梦。此外，系统不稳定，软件有很多错误，与服务器的链接也有问题，所以系统经常死机。"

"我也同意，他们采取的是一种不易控制的模块体系。每个部门各自建立独立的模块，缺少有序的链接。"另一位程序工程师克里斯·威廉森接着说道。他的 T 恤上写着"我的态度没有问题，而是你的理解有问题"。珍妮心里暗暗地嘲讽，这句话还真贴切。

"我们了解奈普拉斯想做的事，这是一个很大挑战，"西蒙继续说道，"但是必须先整理现有的数据结构，否则不可能完成。"

"但他们断然拒绝考虑这个方法，"南角的制图工程师莎朗·米勒接着说道。"他们甚至不愿意讨论数据输入的界面问题！"

"典型的拒绝改变的死硬派，"丹妮拉·韦伯不甘寂寞地附和着。

莱恩·考克斯，他们团队上另一位开发与测试工程师，与往常一样保持沉默，若有所思地透过他厚厚的眼镜观察这些同事们，就像在观看罐子里的一些奇怪标本。这个年轻人对于编程非常专精，但是给人的印象不很开阔。

"我们来看看奈普拉斯的行动计划吧，"珍妮提出问题。"清单上列的第一项是什么？"

"花更多的时间在生产现场，"丹妮拉用不同意的口气哼着，不耐烦地甩着她黑色的卷发。"他们的工厂远在斯温顿，超过 100 英里的距离，光是往返就得花上一天的时间。"

"我们在这个项目上已经落后很多了，"克里斯说道，"而这又不是我们唯一的项目。"

"西蒙，你说呢?"

"我同意，"他回答，"我们已经浪费了够多的时间在奈普拉斯。目前最重要的是如何让他们明白，他们所要求的根本无法帮助他们达成目标。"

"他们的目标是?"

"嗯，他们想改变采购材料与零件计划的整个逻辑，涵盖面从库存控制到交付期的监测。这是一个很泛的大项目。"

"你们知道彼得做了些什么，令他们如此满意?"

"你知道彼得的，他总是能写出些零零碎碎，但很好用的程序。"

"就像你刚才说的那些部门各自开发的独立模块?"

"正是那样。举个例子，他们使用电子表格的形式，为每个零件的供应商建立名单。用电子表格，你能相信吗? 彼得为他们写了一个程序，让他们可以从主界面登入。几乎所有的使用者都抱怨目前的模块系统有缺陷，但主管们却好像并不在意。"

"到目前为止，他们拒绝了我们提出的建议吗?"这次换珍妮看着大家，而整组人则陷入了沉默。

"好吧，"她叹口气，"清单上的第二项是什么?"

"修改彼得留下的一些漏洞，"克里斯窃笑着说。

"这么说也不厚道!"丹妮拉讽刺地说。

"但这正是他们所要求的，"西蒙轻轻地道出，有如耳语一般。珍妮早就怀疑这低沉的嗓音是故意做出来的，以诱使他人用心去聆听的一种策略。这个做法就如同他模仿乔布斯，穿着黑色高领衫与黑长裤的装束一样。这幅装扮与他无明显特征的脸，还有两耳旁边仅剩的几撮棕色头发，看起来并不搭配。

"这个要求不算不合理，"珍妮说道。"这是一个让我们能重新开始的好机会，同时搞清楚彼得以前为他们做过哪些工作。"

没有一个人回答。也没有人敢看着她的眼睛。这个状况有点诡异。

"他们说他们不会为这项服务付费，"西蒙告诉她。

"了解，"她说道。她极需要抽根烟，她甚至能闻到烟味了。"他们对目前的状况不满意，所以想让我们这样做，来表明配合的诚意。我需要再一次提醒你们，奈普拉斯是一个很重要的客户，我们不能失去他们。我准备同意让步了。"

"你最好跟罗勃讨论一下，"西蒙回应，还是没看着她。

"好的，我会。大家赶快开始行动去找出彼得写出的程序问题吧。"

围绕在桌子旁的整组人都没有什么反应，只有莱恩带着一脸的冷笑。

"还有其他什么事吗？"

"你知道彼得的！"丹妮拉说，深色的眼睛闪烁着。

"你总是这么说，到底彼得怎么了？"

"他一向都一个人独行侠，自己搞测试，也就是他总是提到的那套'敏捷'。他总是一边编程，一边测试，同时完成。"

"照理说是件好事，"西蒙哼着，"但他写的程序中还是有些问题。"

"所以呢？"珍妮不耐烦地问。

"这……我们虽然有程序，但是——"

"但是……怎么样？"

"我们之中没有人了解他写的程序，其中有许多奇怪的逻辑，这需要花很长的时间才能搞清楚。典型的彼得！"

"听起来好像你编的程序比较高明，"丹妮拉出其不意地把炮口对向西蒙，"你上次送来测试的那个程序也好不到哪里去。"

"哎呀，你终于有时间来看我写的程序了，真是好消息？"

"你这是什么意思？"

"别说了，丹妮拉，"克里斯加入这场争论。"你过去一直忙于 MRX 项目，根本没有把重心放到奈普拉斯项目上，你心里明白！"

"你说些什么？你该看看你们写的那些程序根本经不起测试，必须重写！"

———✎

　　珍妮眼睁睁地看着会议变成了争吵和谩骂，这还像是个团队吗？还是今天只是个例外？难道这个现象反映出整个公司都是这个模样？她感觉得到过去一年，公司内部的士气低落，纷争也不少，但是她总认为这是大环境使然，而并没有花心思去注意。这是公司有更深问题的迹象吗？

　　这是她长久以来第一次跟项目团队坐下来讨论问题，她一直忙于处理对外业务，与客户打交道。有时稍微过问一下"重要"项目，但仅限于每周例会上和项目经理的互动。现在看着员工们彼此争吵的场面，心里很痛苦。昨天的会议上就出现类似的争论，把客户搞火了。更糟糕的是，她发现自己并不知道问题出在哪里，她甚至记不得，上一次去查看员工的编程是什么时候了。

　　她突然明白了一件事，问题并不只是软件开发。她先前对安迪·沃德的态度感到生气，因为安迪对软件一无所知，却狂妄地想来教她。但她现在好好地观察了她的团队，彼此之间完全没有尊重，只是争吵。她终于明白了，这是管理上的问题，不关 IT 的技术问题，这是她个人的管理问题。

　　当前团队的失调程度，回想起来，跟她过去在银行的第一份工作有点相像。当时她不能忍受，所以转换跑道，改写程序。这之后，她才加入大卫创业的这场赌博！看到她主持的公司演变成她曾经鄙视，并逃离的那种工作环境，她非常痛心。

　　接受现实是很痛苦的，但是安迪也许是对的，问题在于她个人，以及她的管理风格。她不得不去面对事实，并思考未来南角公司可能遭遇的后果。安迪那天对于"尊重"到底说了些什么？她当时太生气了，以致连他不停重复的几个要点都想不起来了。她现在要为这个会议做个收尾，并慎重地去思考这件事，不仅是从 IT 技术的角度，还要以一个企业总裁的高度来思考。

⟳

"够了！"珍妮生气地说，"你们自己听听看，这是你们想要的工作环境吗？这是你们每个人的理想工作吗？"

她的部属们都过于投入彼此的争论中，没有人为目前的状况感到尴尬，极不好意思，她盯着一张张无声、黯淡的脸孔。

"注意听好，"珍妮平静地说。"我们将按照奈普拉斯指示的去做，这就是我的决定，不用再讨论了。昨天安迪·沃德副总裁跟我说，这个行动计划的目的不在于软件开发，而在试探南角的意愿，是否想和他们继续合作。"

"但是——"克里斯开口。

"没有但是，也没有如果，"她打断克里斯的发言。"西蒙，你带着你的团队按照奈普拉斯提出的要求，整理出一个执行计划，详细解释将如何进行，今天下班以前交给我。就这样，开始工作吧！"她说完，利落地站起来，离开了会议室。

⟳

当天晚上，她无法从女儿的口中听出为什么她不待在宿舍，宁愿开一个小时的车回家睡觉。当然，她也像其他妈妈们一样，有时会为女儿会不会被毒品、性爱和摇滚派对干扰而烦恼，但她很快又陷入对另一件事的思考中。

珍妮在想她的前任老板大卫离职后，她到底做错了些什么事？大卫基本上早就把公司的营运交给了她，每个总监都买她的账，把她看作继任总裁的当然人选。到底大卫之前做了哪些事，她现在没有做呢？

想起来了，大卫总是花时间去查看程序员的编程工作，最后两年里，他很少坐在办公室里，虽然有一阵子他忙于解决私人的家庭问题，并且疯狂地与一位小妞热恋。唉，这把年纪的男人！那时他把所有的商业决策都交给珍妮决定，但当他来上班时，总是花时间与团队们坐下来，检视他们写的程序。她几乎可以看到他的样子，半睡半醒的，顶着一头乱蓬蓬灰色的头发，歪斜的过时领带，脚翘在桌上，平稳地坐在椅子上，对着投影屏幕上的编程，一行行地发问。

大卫从南非开普敦大学获得运筹学的学位，那时苏联联邦还存在，全世界被一道冷战围墙隔离。他之后加入一家规模颇大的英国银行 IT 部门，负责小型计算机的应用。今天的年轻人可能根本不知道小型计算机是什么样子。

20 世纪 80 年代后期的雅皮时代，大卫赶上了桌面计算机软件外包的潮流。他与另一个前辈杰里米·尼克斯创建了南角软件公司，聘请了珍妮·德蕾妮、罗勃·泰勒以及麦克·温布利。后来他并购了尼克斯的股权，成为一个独资老板。他们四个人夜以继日地写程序，虽然赚钱不多，但是工作愉快而有趣。他们逐渐将公司的业务扩张到银行业以外的市场，并带领公司成长到今天的规模。

大卫的管理能力一般，但他有个人的魅力，在解决复杂问题时，从不失去孩子般的喜悦，总是能编出聪明的程序。他不喜欢那些产业界的一些质量管理系统，对所谓的最佳实践方法和资格认证体系一点也没有兴趣。他总是强调"聪明的人会创造出伟大的软件"。检查程序是大卫一天的工作重心，他一进入办公室，抓了杯咖啡，就与四周的员工闲聊。然后，他会随便到某个项目工作室，打断正在进行的工作，要求团队聚集在一起，讨论他们正在开发的程序。他是老板，没有人会提出反对，而她却从没这么做过。她每天都在办公室忙于和客户打交道，管理公司的运营，醉心于个人最胜任的工作，好像她的专长就是高效领导。但是，现在她有如被一记重拳打醒，突然明白了，她根本不知道员工们每天在做什么，过去两年里她都没有参加过一次程序审查会议，她完全不熟悉公司的产品。

这是不是问题的根源？问题可能真的就在她身上吗？这绝对不可能，她怎么可能会是当前混乱的根源？但是，这层疑虑却在她脑海里挥之不去。

"喂，我是安迪·沃德。"

"安迪。你好。我是南角软件的珍妮·德蕾妮。现在方便说话吗？"

"珍妮，你稍等。让我走出生产车间，等一下——"

她听见生产线上的噪音，突然间，转安静了。

"现在好多了，你请讲。"

"我在想你那天说的话，假使南角公司的问题真的在我。"

"啊。那回事，"安迪平静地回答，"我那天说话或许太直接了，希望我没有让你感到太难堪……"

"别担心，你的话的确让我认真地思考。也许你是对的，也许问题就在我，我要问的问题是，那下一步该怎么走？"

"嗯，你与你的团队讨论过行动计划了吗？"

"是的。我们会按照奈普拉斯的要求来做。"

"太好了，我们要的也就这样而已。"

"你那天提到你可以教我你的管理方法。"

"啊。我有说过吗？"

"你说你的总裁把你教会了。"

"他的确教了我，"安迪轻声地笑了一下，"但经历的过程并不顺利，我差一点把工厂关门了，直到有一天我接受了一个事实，那就是我个人必须学习。"

"我想接受你的挑战。我需要学习，而且我需要快速地学习。所以，你可以教我吗？"

对方在电话中沉默了一阵子，珍妮担心会不会追得太凶了。她大胆地伸出了双手，如果对方不接，极有可能被羞辱一番，甚至还会丢失合同。她克制住自己不要说话，并在脑中数秒。安迪终于开口："如果你确定想学的话，我可以试试看。"

"我真的想学，但从哪里开始呢？"

"我想你们的行动计划就是个很好的起点。我们一年前买了这家工厂，我现在花很多时间在这里，希望把这家工厂和公司的其他部门整合在一起。等我下次到工厂来的时候，我可以带你参观工厂。"

"但这怎能帮助我呢？"她脱口而出，"你们是一家制造生产工厂，和我的软件公司有什么关联呢？"

"你的第一堂课是现场观察，"安迪告诉她。"这是最重要的一堂课。如果以前每当我的总裁问我'**你自己看过了吗？**'，我就能得到一块钱的话，我今天应该攒很多钱了。他总是说，'**停下来，现场观察，聆听你员工的意见。**'你公司的团队目前最大的问题是不了解我们的需求，这也意味着，你不知道如何引导他们来了解我们。'领导软实力'的第一课就是现场观察，并亲自在源头里挖掘问题。"

"好吧。现场观察是什么？"

"现场是一个创造价值的地方，精益术语称之为'gemba'。这代表客户工作的地方，你的团队工作的地方，还有供应商工作的地方。我们所要看的就是真实的地方、真实的产品、真实的人、真实的关系。"

"这是你来拜访我们，而不让我们去工厂见你的原因吗？

"是的，我必须亲自来看看你们工作的地方。"

"但是我这里没有东西好看，我们做的是软件。所有的东西都在电脑里！"

"没错！"他大笑。

"现场观察，"她抱着怀疑的语气问道，"然后呢？"

"啊，"他犹豫一下，"我想我没有解释清楚，现在先退一步，让我想想如何解释。我提过尊重，就是我老板教我的管理方法，我们称为'领导软实力'。这里提到的尊重，不是通常所说的礼貌，而是在更深的一个层次上，深入地去了解客户、员工和其他利益相关者的需求；尊重每个当事人的自主发展。'领导软实力'不是理论，而是一种实践，不是读一本书，或分析一个案例就可以学到的，必须通过每天实践去学习。这个道理的确很难说得明白。"

"我的确没有听明白，"她诚实地回答。

"我知道，这得花点时间才能让你明白。我刚刚说的是基本的理念，我可以向你展示如何去实践，但你必须从做中学，没有其他任何捷径。第一项实践即是实地观察。"

"就像我们的检查程序吗？"她若有所思地说出来。

"检查程序？"

"不好意思，是的，一行一行的审查程序。"

"完全正确，审查程序，不是修改，那是程序工程师的职责。你主要观察的是员工是不是真正地了解工作目标，正在解决的问题，以及如何彼此合作。"

"嗯。"

"不过，我不认为我们能在电话里把这些讲清楚。你到工厂来，我会试着为你解释清楚。现场观察的主要用意是帮助我们找出真相，以便做出正确的决策，建立共识，以及如何以最快的速度去达成目标。我们让员工们研制解决方案前，必须让他们先对问题达成共识。我会试着向你展示我们怎么做，并不代表我们做得多好，而是我们很努力地在尝试。

"好的，我们在你的工厂见，"她同意，心想不知道自己上了一艘什么船。

"没问题。其实我们工厂并不远，离你们只有两个小时的车程。"

"是的，不算远。"

"哦，对了，你来的时候，记得带着你的安全鞋。"

"哦，安全鞋，好的，"珍妮回答道，心里想，他在开玩笑吗？

将成功与价值挂钩

安全鞋！虽然珍妮·德蕾妮没有把安迪·沃德的话放在心上，不过她那天还是明智地穿了双平底鞋，而不是她每天穿的高跟鞋。但当珍妮戴上安全鞋套，穿上荧光橙色的安全背心，走在安迪身旁时，她感觉自己像个小丑。她平日习惯穿戴披肩，今天因为要进工厂所以没带，因此感觉怪怪的。多年前，当她开始上班时，虽然被要求换上了商务套装，但她还保留了一系列色彩鲜艳的披肩和围巾，作为她曾经年轻过的见证。

珍妮有很长一段时间没踏进生产工厂了，心想她马上又要看到那些又大又有气味，制造塑料零件的注塑机器，有点不是滋味的感觉。安迪把头探入珍妮、西蒙和克里斯正在讨论的会议室里，他将亲自带领珍妮参观工厂。安迪领着她穿过工厂，前往发货区，一路上他们聊了些客套话。发货区？那里有什么好学习的呢？

他们进入了宽敞的发货区，里面整齐地排放着许多装满产品的大型金属容器，几乎高达屋顶。大型叉车穿梭其间，把容器装载到等待的卡车中。

"小心，"安迪说，"请在行人道的画线中行走，这样比较安全。照理说，叉车看到行人应该停下，让行人先过，不过驾驶者有时不见得能看到行人。我们正在规划不让叉车进入的区域，但还没有实施。"

珍妮静静地点了点头，好奇什么时候安迪才会告诉她，生产线与她的软件工作之间的关联。

"其实，"安迪接着说，小心地看着过道的两边，"工厂安全是我的第一课。当我们买下这家工厂的时候，工厂的安全纪录相当糟糕，管理层对安全的态度是，那是操作员的问题，绝不是管理上的疏忽。我的总裁给我的第一个挑战，就是在第一年里把意外事件减少一半。照他的话说，员工到工厂来工作，绝对不想受伤。因此当我告诉大家，工厂安全是我的首要任务时，工会抓住机会，强调'安全第一'。这顶大帽子压下来，不同意也很难。但是如果我们想要这个工厂有前途的话，还有一个重要话题，那就是满足顾客，因此质量必须是第一优先。经过一番讨论，最后我们达成共识，采用'质量第一，永固安全'作为工厂的使命。其实，这八个字也就大致总结了'领导软实力'所追求的目标。"

"我同意你的论点，"珍妮提出问题，"但我不了解工厂安全和软件公司的作业有什么关系。我们又没有任何……"她指着一台经过的叉车。

"你们没有安全问题吗？"安迪反问，"你们公司的员工不曾头痛过吗？背痛？疲劳？任何可能引发员工伤害的工作，都是安全问题。"

"如果这么解释的话，我明白你所说的。"她让步地承认。安迪提到的工伤的确经常发生，但她从来没有视之为管理上的问题。

"要想有满意的客户，必须有满意的员工。"安迪边走边说，珍妮则紧跟着他，"员工一旦因为工作生病了，受伤了，或对工作环境感到不安全，他们永远不会感到满意。直到今天，这些都是我每天面对的挑战。我要求每一件意外都必须及时汇报给我，并在 24 小时内，由单位负责人领导完成深入的分析，找出根本原因，给出对策。经过我几次下令停止生产线，他们才终于了解，不安全的工作环境是不被允许的。目前我正试着让他们专注于，找出工作中不安全的动作，但还有相当的挑战。"

"啊，我们到了，"安迪说着，并指向一个开放的讨论区域，那里有一块大白板以及两个夹纸板，"安全固然是企业成功的先决条件，但是，'领导软实力'的第一核心理念却是，员工们有获得成功的权利。"他停顿了一下，注视着珍妮。

"我记得你说过，第一步是现场观察。"

"哦，是的，"他同意地回答道，"是的，现场观察的确是第一个步骤，你是对的。但无论如何，员工有权利获得成功，并且——"

"喔，你是说，员工有义务去完成任务并获得成功？"

"不，"他笑了，摇摇头，"这正是重点，是权利而不是义务。为了员工把工作做好，身为主管，我们有责任去支持他们，让他们成功。每一个人，在做每件工作的时候，都有权利获得成功，而且他们也拥有权利获得一个成功的职业生涯。"

"哇，这几句话含义很深。"

"是的，**为了获得成功，员工需要把个人成功与企业成功挂钩，也就是去满足客户期待的价值。**这是一个很高的目标，我们目前还没有做到。"安迪坦白地说，"但我们会继续努力，因为我们已经认识到，成功是驱使员工的原动力。当员工们感到工作上有成就感，他们会想来上班，并全力以赴。我过去的经验让我发现，员工之所以没有成功，有时是因为公司的政策与规定没有考虑周全。"

"你的意思是，'你'是问题的所在吗？"她俏皮地说，突然间她变得幽默了。

"完全正确，"他咧着嘴笑，"你现在领悟了我所说的'问题在我，以及我的管理团队'。员工们很少是问题，他们只想把工作做好，但是我们往往设置了许多障碍，让他们浪费时间和精力去克服。这样他们如何能成功呢？"

安迪一面说，一面整理他的思绪。他引领珍妮到休息区的一张空桌子前，并坐下来解释。

"为了获得成功，"他接着说，"我们必须先明确地定义每个工作之成功的内涵是什么，并与员工取得共识。这代表我们必须了解生产过程中，每个工作站对顾客所产生的价值，及其重要性。这里所说的顾客，包括外部顾客，以及下一个工作站的内部顾客。因此，为了衡量成功，我们必须建立正确的运营指标来追踪，也就是说想办法给自己打分数，以便了解不足之处。有些工作现场就好比是一场足球比赛，球员被要求快跑，然而却不告诉他们比赛的积分，也没有裁判在场告诉他们，哪些动作是对的，哪些是不对的。"

珍妮点了点头，回想起大卫从前在公司里，每天常在办公室和员工讨论程序上犯的错误，而她却不曾这么做过。

"菲尔·詹金森先生是我们公司的总裁，他是一位工程师。他当时买下这家公司，因为这家工厂的产品与我们的产品可以互补。这个工厂营运不善当然是他们的不幸，但对我们却有利。他们试图用 IT 系统来优化运营，却没有顾及整体流程以及生产效率，结果利润低现金流不足。菲尔认为这笔交易很有前景，而且可以获得新顾客，因此就决定了这笔买卖。我的责任是整顿工厂的营运，并小心伺候工程部那几位聪明的产品工程师。"

"嗯，"珍妮再次点了点头，不太确定该如何回应。

"唉，"他叹了口气，疲惫地揉了揉眼睛，"我父亲曾经告诉我，'唉声叹气解决不了问题'。因此，我最好打起精神来。我发现前一个业主对于营运成功的定义，没有给出清晰的答案。"

"运营成功不是应该获得利润吗？"

"不完全对。"安迪咧嘴一笑，"利润是成功的必然结果，是努力的方向，但我们认为专注于财务报表，就如同看着后视镜开车一样。经验告诉我们利润只是一个财务数字，是营运的实体绩效，因此要想提升财务上的表现，必须致力于改善实体运作。"

"你把我弄糊涂了。"珍妮困惑地看着安迪。

"好吧，我再试试。这是一个工厂，对吧？"他说着，一边指着生产区，"工厂应该做的是什么？"

"制造产品？"

"不仅如此……"他换了口气，接着说，"还要把产品送到客户手中，而且要正确的产品。无论你公司的产品是什么，这句话都管用。你首先要从客户的观点来检视你的工作，客户的价值是什么？他们需要准时收到合格的产品，因此我们的任务就是按照客户需要的时间，把合格的产品，装入正确的运货箱里，再将正确数目的箱子装上运输卡车。"

"嗯，这听起来有道理。"珍妮回答。"我对工厂的了解不多，但你说的不就是工厂每天的工作吗？"

"没错，他们是每天发送产品，但很少关心是否准时发货。他们认为97%的准时交货率够好了，并不了解问题的实质。"

"97%的准时率不够好吗？"她惊讶地问。

"对汽车工业来说，这是绝对不能被接受的。只要少了一个零部件，可能会迫使汽车主机厂停止生产线，那将是很严重的问题。换个角度来看，97%的准时交货率就等于每100万个零件里，有3万件错过交货时间，这是骇人听闻的。因此，我们必须达到100%的准时交货率，虽然这个目标很难达到。"

安迪看到一位矮胖、头发剪得很短的男人刚好经过，就带着珍妮过去和他打招呼。

"提姆，很高兴见到你。你今天好吗？"

"还不错，老板。还不错。"

提姆说话带有浓重的地方口音。珍妮忍不住注意到映在他光头上、天花板上悬挂的灯倒影。

"提姆，我想要请你帮忙为我的朋友解释一下，我们工厂如何定义成功。你身为发货区经理，这对你来说有什么意义？"

"我很乐意。顺便提一下，你是对的，那天的成绩太好了，我们的确没有办法每天维持。"他说道，一面走向一块白板。珍妮第一眼觉得那块板子并不太起眼，而且四周都是整齐高耸的大型金属容器箱，又有叉车穿梭经过，看起来很不协调。白板看起来还有点嫌脏，难以辨认又潦草的字迹写在先前没擦干净的字迹上，她可以想象这是个工作上常用的道具。

"我上一次在这里视察的时候，提姆的团队有一天达成了 100% 的准时送货的完美纪录。"安迪高兴地说，手指向一张 A4 纸张上的手绘图，"每一台卡车，他们都 100% 地准时出货。"

"安迪告诉我们，那天的表现是运气好。我们听了，很不服气。"提姆苦笑地说。

"他们表现得非常好，别会错意了，"安迪说着，"他们那天能达到 100% 准时发货率，便证明这是可以办得到的。我只是提醒他们，不要把橡皮筋从原本的位置拉得太远，它会被弹回去的。"

"它真的发生了。"提姆表示同意，一边低头思考。

"返回日常的水平？"珍妮问道。安迪点点头，并露出鼓励的笑容。

"请你告诉这位女士，你这一路是如何走过来的？"

"好的。是这样的，当老板最初来视察的时候，他要求我们有序，并准时地把产品送上每一台来载货的卡车。我们告诉他不可能，因为我们既不能控制生产线，也控制不了运货公司的卡车。一般来说，顾客们雇用的物流公司派卡车来取货，他们往往是想来就来，很少准时。长话短说，老板不听这些理由，并要求我们用这张图表记录追踪，"他指向那张图表：

"他叫我们准备这块大板子，记录每一台卡车的计划出发日期和时间、货物的存货区、入库时间、状态，以及出差错的评注等。我们当时认为这完全是浪

单位 _____　追踪 _____

1 2 3 4 5 6 7 8 9 10 11 12 13 14 15 16 17 18 19 20 21 22 23 24 25 26 27 28 29 30 31

1 2 3 4 5 6 7 8 9 10 11 12

负责　更新

月 _____

1 div. _____

1
2
3

费时间，因为既控制不了卡车什么时候来，也不知道生产区是不是准时把完成的产品送过来。但是安迪是新来的老板，我不想一开始就把关系搞坏，所以就按着他说的去做。"

卡车	离开日期	离开时间	摆放区域	完成摆放时间	现况	备注

"提姆的确按我的话做了。"安迪同意地说。

"我们后来发现写在白板上的记录，可以帮助我们厘清事情的状况。我们看到了一半的问题来自生产部门，产品没有准备好；另一半则是卡车该抵达时却没到。所以怎么办呢？安迪居然跟我说，卡车准时到达工厂是我的责任，我当时真想告诉他说，那可见鬼了。我怎么可能控制顾客的卡车？"

安迪就坐在那，默默地让提姆继续说下去。

"老板说，你去跟卡车公司谈，"提姆继续说道，"我其实并不想，但还是做了。当卡车没有按点到达时，我便向他们的调度员反应，过了一阵子，我发现我抱怨的对象老是同样的几个家伙。你不能相信的是，其中一位居然是我老婆的表弟。老板提醒我说，不要骂他们，只要问他们为什么没有准时到，所以我一方面按照他说的去做，同时也聊些生活中的琐事，久而久之就变成了朋友。"

"然后呢？"珍妮很感兴趣，好奇地问。

"真的很神奇，"他继续说道，"我们其实也没有采取什么行动，但我发现卡车抵达的时间越来越准时。同时，老板用他那套广告牌管理方法，帮助工厂按需求生产，生产线居然能开始准时把零部件交运给我们。然后，你想得到吗？有一天生产车间送来需要的产品，而取货卡车也准时到达，我们便达成了 100% 的准时发货目标。"

"就如我所说的，那天是运气，"安迪说道，他显然很满意，"我还请他们吃了饭。那是美好的一天。"

"你是对的。现在我们得想办法，让 100% 的准时发货率维持下去。"

"你的意思是，你们并没有更新电脑系统？"珍妮问，"老实说，安迪，我以为这是你想让我来看的目的。"

"我们的电脑系统一团乱，我们根本不知道从哪里去更改，我专派了一个人，全职地应付那老旧的系统。"这位经理老兄说，"这也是我告诉安迪的第一件事情，只要给我们一套新的电脑系统，我们便可以按时交货。但是他的回答是，不行；先改善发货区与上下游客户的关系，其他的以后再说。"

珍妮看了安迪一眼。这位发货区经理刚刚的话，确认了她的团队不停告诉她的故事。安迪不带笑容地望着她，不知道是讽刺，还是鼓励，反正他一句话也没说。

"你用了这些白板就改善了发货区的状态？"珍妮用怀疑的口吻问道，"我可以拍个照吗？"安迪表示同意后，她用她的 iPad 拍下白板上的内容。

"答案是肯定的。起初我们也不相信，但是现在我们相信了。"提姆做出了总结，"当然，电脑系统还是个头痛的问题，我们也需要系统升级。但是提升出货绩效的并不是电脑，而是我们自己。"

～

"你的意思是，你只要定义成功，就能提升出货的绩效？"珍妮带着怀疑追问，并随着安迪一同走向生产区。他们穿过了一排排大型注塑机器，每台机器都发出巨大的机械声响，并发出有如燃烧轮胎的橡胶味。

"是的，把成功与客户期待的价值挂钩，并且致力于持续改善（kaizen），"

"持续改善？"

"做小幅度的改善。你知道吗？我们不选择从大改革开始，但支持员工每天做小改善来求取进步，这是表示'尊重'的一种方式。我告诉提姆，他负责工厂的发货区作业，准时出货是他的责任，他有权利去做必需的改变。如果我一开始就变更作业流程，例如将电脑系统升级，我们就不可能得到这样的结果。事实上，如果我一进公司，就点三把火，进行大改革，这对他们来说便是不尊重，也不会成功地改变状况。'领导软实力'就是相信每个人都有机会更有效地完成各自的工作，而前提是大家就成功的定义取得共识。同时还要确定具体的步骤，去实现有创意的绩效提升。我并不是说我们将来不会改进电脑系统，只是不会先从那里开始。"

"那些白板呢？"她小心地避免提起软件升级，以免听起来像是在推销南角软件。

"这些白板很重要，"安迪解释，并指向生产线上的一块白板。"它让大家清楚地看到该区域的成功定义，同时，就像球赛中使用的计分板。大家可以一起看到现状，了解情况，讨论应该采取的行动。"

"但为什么采取小幅度改善的方式？"她好奇地问道，"这样不会花很长的时间吗？一个有结构性的解决方案不是更快吗？"

"这就是关键，"安迪笑着说，同时转过身来，"提姆和他的团队花了近一年的时间，才达到今天的水平，但是他们做到了。我们如果采取不同的方式，他们可能不会参与得这么深，也不会收获如此令人满意的结果。你知道吗？我很幸运碰到提姆。但是这里的生产部经理，就比较顽固，每个人都不一样。我们在物流这个项目上，还获得其他两个成果：第一，当物流团队建立信心时，我与他们建立了互信；第二，我用这个案例成功地说服了厂长，小幅度改善可以带来大变化。他也曾问过与你相同的问题，这永远是个挑战。"

"我相信这是个挑战。"珍妮笑着回答。

"我们必须了解**改变**，"安迪继续说道，"领导的艺术就是让员工们接受改变，改变他们的目标，他们的认知，他们的态度，他们的行为，他们的能力等等。你知道吗？改变既令人兴奋，同时又令人畏惧。你同意吗？"

珍妮点了点头。

"一位经理之所以能够被选拔为领导的原因之一，就是他认为改变令他兴奋的成分多过畏惧，因此他总是会寻找下一个解决问题的灵丹妙药。对于操作员来说，改变可能畏惧居多，因为过去的经验教训告诉他们，改变往往不是件好事，至少有风险。"

"我同意。"

"所以，'领导软实力'就是了解在改变的过程中会令员工忧虑不安。因此，我们帮助他们将大的挑战分解为每天都可以推进的小改善，尽量减少不必要的阻力。我们的方式就是帮助大家接受，日常改善是正常工作的一部分，因此，菲尔把公司里每个人的工作定义为：**工作 = 干活 + 持续改善**。"

安迪盯着这几个字看了一会儿，有如它们是通往更深层次讨论的钥匙。然后，他说道："每天光干活是不够的，我们还有义务去解决问题，并提出改善小建议。这是我们每一个人，每一天，都应该要做的事。"

"那一定很艰巨，不是吗？"她怀疑地问。

"当然很难，尤其这是我的责任。我需要创造出一个环境，让生产线上的各级管理层都愿意支持改善。这就是为什么白板那么重要了，从总裁到叉车操作员，我们可以一起站在白板前开会，提问，也可以聆听。如果执行到位，我们可以弄清楚营运上的许多问题，然后一步步地改善，从实践中学习。虽然目前发货区的状况还不错，但是相信我，工厂整体运营上还有很多问题。"他坦白地说。

"让我们回到第一个要点：**定义成功**。如果你仔细地观看这块板子，你会发现我们对每班、每个小时都设定了生产目标。"

珍妮注视着走道对过的生产线，那里也有一块大白板。她注意观看生产线上的作业，5 个操作员正在生产一种黑色塑料件，他们的动作看起来像是一场编排整齐的舞蹈。他们把零件置入注塑机器，向后退一步，启动机器运转，然后再移往下一台设备。每个操作员负责 2～3 台机器的运转，形成一个环形循环。光是看到这一幕就让珍妮感到头晕，她不能想象每天做同样的工作，就是为了赚取生活费！

时间	目标	实际结果	备注
1	68	56	
2	68	67	
3	68	65	
4	68	59	
5	68		
6	68		
7	68		
8	68		

其中一位操作员，看到他们站在那儿，向安迪点了点头。安迪走过去，与每人握手问好，他左右看了一看，便做手势请珍妮也过来。

"现场观察的要诀就是站在操作员的角度，透过他们的眼睛去观察问题，"安迪解释说，"我们使用简单的白板，告诉员工预期的目标，以每小时生产的合格零部件数量为单位。因为这是大家共同设定的目标，因此必须一同解决发生的任何问题。但这只是故事的一半，你接着看。"

珍妮尴尬地站在那里，而旁边的工人继续工作，其中几位偶尔看看他们，安迪到底要她看什么？

"技术上，我一点概念都没有，不知道看什么。但我觉得很有趣，"她终于开口说道，并指向着面前的白板，"嗯，注释的那一栏是空白的。"

"好眼力，"安迪同意地说，"这代表着什么？"

"操作员没有按规定填写？"

"不尽然。站在他们的角度，透过他们的眼睛观察。你看到什么？"

"嗯，他们不了解这一栏要填写什么？"

"噢，他们知道得很清楚，只是他们还没有搞懂为什么要填写，对他们有什么好处。没有人愿意在注释栏写下意见及说明的另外一个原因，就是没有人有兴趣来读它。如果有人不时地来看白板上的信息，操作员会感觉备受重视，因而愿意发表意见。因此，我们在尊重员工这方面的表现不够诚信，也没有展现出强烈的兴趣，去了解操作员一天工作中所遭遇的困难。

"从这一点可以看出，这间工厂还有很长的路要走，"他指着白板接着说，"目标那一栏告诉你，每小时需要生产的零部件数目。这里写着 68，稍微低于 1 分钟生产 1 个。这是我们的生产目标，因为这是顾客的需求量。"

"但是为什么按小时来划分呢？"珍妮提出一个问题，"用一个累积数不是更有意义吗，可以看到他们那一班的生产目标？"

"他们以前也曾经那样做过，"安迪点头说，"但我要求他们改用每小时的方法，这表示我对他们的尊重。"

她忍住笑。不知为什么，她就知道他会如此般的回答。

"生产汽车零部件在你来看来，可能微不足道，"安迪耐心地解释，"但对这些操作员来说却很重要，他们每天来上班的目的就是生产优良的零部件。虽然这不是你选择的职业，你愿意去经营一家软件公司，但我们必须尊重这些操作员的选择，帮助他们每天获得完成任务的成就感。因此，不论我们在哪个行业，汽车零部件或是写程序的软件，或是保险理赔，都是同一个道理。"安迪分享他的想法。

"我没有太明白你这些话的意思……"珍妮继续问道。

"我的意思是员工有成功的权利，这个概念在任何一个行业都适用，就像前面所说的'**工作 = 干活 + 持续改善**'的道理一样。我承认到目前为止，我还没有成功地把这间工厂厂长的观念转变过来，但员工还是有成功的权利，不管是今天还是未来，责任在我。换句话说，目标这一栏的用意，"安迪边说边走向白板，并将手指放在图表上面，"就是我们对员工成功的定义。"

"你为他们设定目标？"她好奇地问。

"是的，但必须遵循一个合理的逻辑。我们必须事先做好功课，对每小时应该产出的零部件数量，达成一个共识。操作员和主管一起测量出生产一个零部件的周期时间，重复 5 次，然后取其平均值。目标代表正常工作节奏下，不受外界其他变化，应该生产的数量。"

"你的意思是你不允许失误？这样能反映真实状况吗？"

"这就是重点。我们设定的目标是正常的工作情况，没有其他异常状况发生。由于我们连续测量 5 次动作，因此照理来说，这个设定的目标是可以达成的，并不是不切实际的。"

"好吧，你可以维持 5 次，但能维持一小时，或是一整班吗？"

"你说到要点了。你看，目前达到的数量远低于每小时的目标。"

"这表示工人工作不够快吗？"

"这与他们无关！"安迪回答说，"至少关系不大。主要的问题在管理者为他们提供的工作环境。"

珍妮拍了一张白板的照片，她觉得自己并没有完全理解安迪的意思。当她正在挣扎时，安迪靠了过来，继续分享他的见解。

"我现在不会直接去问操作员，但是我会去跟厂长以及区域主管好好检讨这件事。我的意思是，如果你仔细观察这些操作员的工作，他们的工作周期相当稳定。因此，生产没有达到目标的原因可能是机器故障、缺件、来料质量有问题等。我要指出的是，我们管理层，以及目前这个系统，让这些操作员失望了。"

"这又回到领导身上了，是吧？"她突然间意识到这个例子也反映出南角公司存在的问题，因此觉得不再像原来隔岸观火那般有趣了。

"的确，我谈的是管理层与员工之间的关系。就像我们刚刚去过的发货区，我一个人不可能分身去管理工厂的每个部门，即使厂长，甚至是区域主管，也没有能力顾及这么许多状况。因此，我们必须依赖操作员的自主能力，对个人的生产工作负起责任。"

"如果你同意这个愿景，那么领导层就得为员工创造一个能够表现的环境，让他们自由地发表意见，并受到尊重。当员工一步步改善自身工作的同时，鼓励他们与其他领域的负责人，去沟通一些他们无法控制的问题。这其实就是'注释'一栏的意义所在，尊重每个人的想法。"

安迪突然叫珍妮看工厂的另一端。"你看，你看到了吗？那台机器出了问题，那个操作员必须停止她的工作。她得紧急地穿过另一台设备，并按下重启的控制键盘。看见了吗？如果1小时内发生2次这种情况，就会损失1个零部件的时间，这就是我们要求操作员反应在注释栏的例子，希望主管以及其他支持团队一起去解决生产线上问题。正如你发现的，我们距离把问题反映在白板上的愿景还有很长的路要走；好消息是有些生产单元已经启动了。走吧，我们接着向下走，让他们继续工作。"

———⌒———

"你的意思是，作为一个企业领导，你需要管这么多细节？"珍妮问道。她笨拙的安全鞋套与水泥地面发出刺耳的声响。

"你说的细节是什么意思？"

"我们刚刚看到的。1小时内损失了几秒钟的生产力。"

"当然，"安迪微笑地说，"生产线上每一分钟都是操作员的世界，我们得进入他们的世界，而不是倒过来。你看，每个人都想把工作做好，包括我们，也都想把个人的问题妥善解决。因此，关键是我们必须了解'尊重'的含义。大多数主管们努力地想说服操作员，去了解管理上的诸多问题：盈利、股价等，但这些工厂里的家伙哪管得了这许多。高管们总是大谈关键绩效指标，工厂里的家伙称之为'贵宾指标'，因为这些指标是为那些比他们工资等级高许多的管理层创造的，与现场员工每天的工作距离太远了。更何况他们又不是被雇来管这些数字的，让那些领取高薪的肥佬们去担心吧。还有一点，过去的经验留给操作员的教训是，任何管理层推动的新方案，都有可能成为新增的压力，所以，少管闲事！”

安迪又一次放慢脚步，并停了下来，与他说话激动的程度成反比。珍妮对以上的谈话，感到很受启发，她不禁回想过去，每当她试着向部属解释那些对公司有益的事，员工的反应要么是不感兴趣，要么是不干我事的眼神，让她感到挫折。她原以为那只是电脑虫们的反应，但今天看到的情况让她感到，也许，安迪说的还真有点道理。

“我们今天在这里实践尊重，或者更准确地说，正在试着实践尊重，”他犹豫了一下更正自己说，“主要想表示的是，管理层对操作员们关心的事有共识。他们关心的是团队、工作时数、生产单元，乃至工作秒数；既然我们共同设定成功目标，建立在每个生产单元以及每小时的成功，所以，我们必须考虑得非常周详。我不认为这些是细节，而是创造价值的一些基础工作。这些家伙努力工作换来的收入，支付我的工资，也支付包括你们公司的供应商费用，所以我们得好好地照顾他们，你同意吗？”

珍妮点点头，思考着。

“啊，我好像偏离主题了。”他笑着说，“走吧，我们去喝杯咖啡。”

“等一下，”珍妮回答道，“你说得很对，我只是从没有这样想过，给我点时间好好整理一下。这说得很有道理，价值是在工作现场创造出来的，而不在管理层的会议室里。事实上，这也是南角公司创办人大卫奉行的理念，他把管理的事务都交给了我，让他可以专心地去关注员工与编程，创造价值。”

安迪开口想说些什么，突然停了下来，看来他正在小心地选择用字，“我的意思不是不重视管理，事实上，正好相反。我想说的是，我们需要正确的管理，这听起来很简单，但实践起来还真不容易，起码对我来说，是个很大的挑战。身为企业的主管，我认为我的工作是为员工们创造一个可以让他们工作获得成功的环境。这代表的是，我们得同心协力，一起解决所有的问题。"

"你说得很清楚，但是——"

"执行起来很难，这就是为什么我说它是一种实践，而不是理论。我前面说过，第一步要去了解客户重视的是什么，他们的喜好是什么？什么能使他们脸上展现笑容？什么是令他们满意的绿色按钮？什么是他们不高兴的红色按钮？这样做是为了准确地定义什么是成功。比如在发货区，我们认为成功就是让每一台卡车装上正确的货物，并且准时发车，因为这是汽车业的客户提出的明确要求；在生产单元里，'成功'就是每小时能安全地生产出目标数量的优质产品，而不是我们刚刚在生产线上看到的，慌张地去解决设备问题。"

"我想我明白了。"珍妮回答道，"对于每一项作业，你都要求用可视化的方式来衡量成功，就像一个计分板，如此一来，大家可以对成功产生共识。然后你要求管理层与员工们，一同克服通往成功道路上的障碍。这就是你所谓的'领导软实力'吗？"

"嗯，'领导软实力'其实还包含很多。"安迪笑着回答，"但它肯定要从基层干起：到工作现场去观察，将成功的定义可视化，并询问员工的意见，以便了解现场的障碍。这也是为什么我们称这些白板为'**生产分析板**'，要求操作员与主管一起分析生产单元的状况，并对没有达标的事项一项一项地做分析。目前有些单位进行得不错，例如你看到的发货区，提姆与他的团队每天都在解决问题。然而有些单位，例如你看到的生产车间，白板上有空白的注释栏，就代表进行得不成功。事实上，这代表我的工作不到位，还有更多的培训工作要做。

"'领导软实力'的实践不仅在生产部门，我们公司其他职能部门，从销售到设计到公关，都以某种形式在进行。其核心理念是，**每个员工都应该拥有一**

个清晰的目标，以及如何实现的计划，努力地去消除过程中所遇到的问题。我
总结一下，我们正试图有系统地培养员工具备：

（1）**坚强的意志力**：即使计划中有重重障碍，仍然坚持直至达成目标；

（2）**解决问题的能力**：能够掌握问题，并且尝试不同的方法，一步一步地
去解决问题。

"这些白板在外人来看，可能不是最聪明的方法，但它们是'领导软实力'
的一个核心工具。"

"让我来试试看，我的理解是否正确，"珍妮回答，"你要求操作员每小时用
手写下目标，以及实际的表现，然后再让他们分析两者之间的差异。如此一来，
他们会开始对业绩产生责任感。是这样吗？此外，我明白你选择使用白板的理
由，但我想用电脑比较容易追踪，希望你不介意。"

"我不反对，只是我们对追踪的需求不大。因为就是一小时的作业，即使错
过了，也就错过了。实际上，我们的理想是在事件发生后几分钟内，采取应变
的行动，但是我们目前还没有这个水平，距离理想还很遥远。我前面负责的工
厂就实施得比较接近那个水平，但花了几年工夫。"

"你不是要求管理层协同员工，一起解决问题吗？"

"没错，我是要求主管们与操作员们一起深入地了解问题。顺便提一句，首
先必须搞清楚，哪些问题是值得解决的，我还要求主管们听取员工们解决问题
的建议。当然，我希望生产线每天都顺利运行，但同样重要的是，我也想看到
每个员工都能施展个人实力，为工作现场做出贡献。"

"哇，你的野心够大的！"

"喔，别担心，"他笑着说，"我们还有很长，很长的一条路要走。就如我的
总裁所说的，最大的空间就是改善空间。"

"你的总裁非常特别，他忠诚于他的信仰。"

"我们这点可以达成一致。"安迪轻声地笑，一面引导着她离开生产区，前往办公室。

———

他们找到一台咖啡机，珍妮要了杯茶，静静地喝了一口。而安迪则走到一旁，去回个电话。她不知道她的团队是不是还在项目会议室，不知道进展得如何？她看了一下手表，惊讶地发现他们已经花了一个多小时在车间里。这次访问让她的大脑不停地转动，这么短的时间里，接收到这么多的新想法，而每个新概念都使她感觉到，自己的总裁工作做得很差。先前，她之所以接受'她是问题'的表态，只是为了安抚安迪。但现在，她开始认真地考虑这个问题，以致坐立不安。

她对自己办事的能力有足够的信心。多年来，在职场的摸爬滚打让她学习到外人对女性领导的一些看法，其中一项便是自信。即使一个无用的男性领导往往表现得很有自信，相较之下，一个优秀的女性领导却总是对自己怀疑，是否准备充分可以迎接挑战了？她在个人的职业生涯中学会了一件事情，那就是相信自己，所以，停止怀疑，继续手上的工作，并且好好学习！

———

"谢谢你花这么多时间带我参观你的工厂，安迪。这对我有很大的启发。"

"我也谢谢你的来访。我借着向你解释的机会，也重新整理了我的思路，对我来说很有帮助。我目前管理8家工厂和三个工程中心，我的主要挑战是如何有效地传达这些理念，让大家能了解并且跟得上。就如同你在车间里所看到的，我们还有很长的路要走。我在公司里，只能要求同仁们听我几次讲解，所以有个新对象，对我来说是个很好的练习机会。"

"我很高兴你这么想。我明白了你告诉我的'**定义成功**'的概念，但如何实践，还需要琢磨。这个方法实施起来好像不能一刀切，因为你在发货区所做的，跟你在生产线做的方法就不一样。我的意思是精神虽然一致，但使用的白板内容就不同。因此，我回到公司后，会采用不同的方式，但会遵循同样的原则。经过反复试验，自然会熟能生巧，对吧?"

"你的总结非常正确。我以前总认为，只要在一个环境里找到一些窍门，便可以在另一处复制成功，但后来发现，这并不是必然的。例如，我当年在法国的工厂里，自以为对这套方法很有经验了，但当我试图改善厂长与维修团队之间的关系时，我却触礁了。我必须重新思考对维修团队成功的定义，凡是牵涉到人与人之间关系的事，永远有很多变数。"

"这的确要让我好好去思考。对了，我还有一个问题，可以问吗?"

"请问?"

"嗯，假如我就是公司的问题所在……"珍妮笑着问，"那我该如何为我自己定义成功?"

"哈哈，这个问题超出我工资等级可以回答的范围，"安迪大笑道，"我没当过总裁，我只是个打工仔。"

"别这样说。我是很诚恳的。我们已经讨论过，如何在不同的领域里定义成功——"

"我想我会将之定义为：把成功和顾客期待的价值挂钩，并且承诺你会全力地去持续推动改善，以创造更大的价值。"

"我同意这个说法，把成功与价值挂钩，并且致力于小改善。但在我的位置上，我该如何去做?"

"我刚刚是认真的，我真的不知道怎样回答这个问题。让我想想。"

他凝视着空间，自言自语。他终于抛出一个问题，作为回答："你如何定义成功?"

"我刚刚正问自己同样的问题。我原本要回答利润，但是你说过，这如同看着后视镜开车，我同意你的说法。那么我回答绩效吧，但是哪些具体的绩效呢？"

"如果你非要我回答，"安迪慢慢地说，仔细地思考着，"我会说，从财务方面，我们关注：

- 销售额；

- 现金；

- 利润；

- 资本支出。

"但更重要的是如何能提升这些指标？菲尔很明确的告诉我们，将焦点放在那些他常和我们一起检视的核心工作上：

"**第一，学习去发现问题**。这是锻炼领导力深入基层的不二法门。你会惊讶地发现，很多人非常执着地相信，目前状况已经达到目标了，而不愿去进一步改善。尤其不对的是，在过程中还打击那些提出问题、传递真实信息的同事。要记住，'问题第一'是实施改善的基石。其次，大家要学习如何去分辨正常状况与不正常状况。同时，看问题时要注意运作上的问题以及员工自身的问题。'理解'并不代表'同意'，因此，鼓励大家一起去了解问题，取得共识，否则很难向前推进。"

"**第二，追随客户**。我们的客户处于竞争激烈的大环境里，他们有时会做出些令我们难以理解的事。我们需要努力地跟上他们的脚步，了解他们的需求，而不只是把他们提出的要求视为无理，弃之不顾。因此，我们需要借由各种方式去试探他们的想法，弄清楚他们的意向，重视什么，喜欢什么。我们过去总认为自己很了解客户的需求，但实际上，我们并不真的了解他们。我们需要不断地去思考客户的处境，他们的目标与方向，以及我们能如何支持他们。换句话说，重点在于解决客户当前的问题，而不是去预测他们未来的问题。我可以举出很多例子，都是因为这个模式，让我们创造出新产品、新市场，提升了我们的销售额。"

　　"**第三，加速流动**。每当我们缩短客户交货时间，以及内部生产交付时间，即使维持原来的产品种类，我们的市场份额都会明显提升。所以，不管你如何去分析它，速度快总比慢好。在工厂里，很重要的是充分提高生产线的灵活性；在工程上，要注意的是**避免错误和返工**，并快速地为客户、生产线以及供应商提供解决方案。我认为**加速流动**是企业成功的关键，它不仅暴露出问题，驱使员工动脑子去解决问题；同时，库存减少还能增加企业的现金流。

　　"**第四，发展员工自主解决问题的能力**。当你加速流动时，你加快了问题浮现的频率，以及处理问题的步伐。为了应付问题，员工自主解决问题的能力就变成一个关键因素，这代表员工们发现问题后，会设法解决它，不再依赖管理层提供答案。根据我的经验，一旦管理层能在大方向上与员工的愿景取得共识，这将是未来成功的最佳保证。你在发货区见到的提姆就是一个好例子，他提出来的点子，有些我一辈子也没想过。我正在企图说服厂长，将工厂所有的物流事务都交给提姆去管理，厂长还没有接受我的建议，因为他认为提姆的学历不够，但是我倒不在乎。我深信一旦有了成功的案例，将会孕育出更多的成功例子。"

　　"**第五，专注于少数几件事**。我总想把工厂里所有的事都管理得有规有矩，以致有时只见树不见森林。菲尔经常提醒我，随着工作范围越来越大，我们不可能操控每一件事，因此，必须把重点放在几件最影响公司成败的事情上。经过一段时间后，那些次要的事自然会被厘清出来，因此可以暂时搁在一旁。"

　　"有些地方的小火即使让它烧着，也不会造成太大灾害。同样的，有些事可以留给员工们去做决定，不需要事事躬亲。同样的，我们努力地去实践那些重要的改善项目，因为我们相信这些改变会带领我们进步，其余的慢慢再来跟进。菲尔认为在财务上亦然，我们选择重点投资，尽量使用简单的解决方案，不要过度地依赖程序或自动化。"

"**最后，发展长期的合作伙伴关系**。市场的复杂性不断增加，竞争激烈的商业圈里比以往更加动荡。不良的商业关系会造成人力、精力以及金钱上的巨大浪费。我们一直在衡量，把生产从一个供应商转移到另一个供应商所涉及的总费用，包括产品质量、交货、风险以及其他隐藏的问题等。这个数字相信非常惊人。"

"我们专注于自身最拿手的工作，把其他的业务交付给供应商去做，因此我们和供应商的合作关系至为重要。我们公司的运营账目上，有三个维度是看不见的，但是却构成公司的价值。它们是：公司在顾客心目中的声誉、员工的专业能力以及与供应商和其他合作伙伴之间的相互信任度。"

"像这样吗？"她问道，并把手中的 iPad 递给他看，上面有她写下的笔记。

去现场看并直面你的问题
销售：追随你的客户 **现金**：加速你的现金流 **收益**：发展你的人员 **资本性支出报告**：对一些事情要特别在行才成
发展长期伙伴关系

"嘿，挺不错的耶！"他指着她的 iPad 回答，"这正是我脑子里所想的。"

"太好了！"珍妮说，将 iPad 的触控笔在手指之间滚动。她若有所思地看着她记下的笔记。"谢谢你的答案。自从我们第一次见面，我就一直在问自己，身为南角公司的总裁，我与公司的创办人大卫，到底有哪些地方做得不同。现在我好像开始有点感觉了，大卫当初让我负责公司的行政工作，我以为只要会管理业务，公司就能够顺利地营运。管理行政一向是我的专长，我也因此认为只要行政业务管好，就可以领导公司。但与你交谈之后，我认为我迷失了方向，用足球赛来比喻，我很难进球得分了。我一直在担心我们怎么才能抓住当前的客户，大卫总是有敏锐的嗅觉，知道客户往哪个方向走，应该投资哪些科技。还有，他善于把注意力集中在少数几件事情上，回想起来，他花很多时间去发展员工的技术能力。对于加速流动，我们还没有尝试，那是你们精益领域的人所专精的项目，不是吗?"

"我倒不认为我们专精。"安迪笑着回答，"我们在精益方面的确努力了很多年了，加速流动是很重要的一环。但菲尔有他的一套解释方法，他对每一件事都有一个公式，他将精益形容为:

精益 = 尊重 + 持续改善

要抓住精益的窍门，关键是了解精益系统中几个基本概念，并且如何互补。我们一谈到加速流动，许多刚接触精益的人会以为是加快工作，或改善流程，或提高生产量，**其实加速流动最重要的意义在于使问题浮现出来**。你想想:越快地让工作通过流程，问题则会越快地浮现出来，所以我们就必须培训员工解决问题的能力，去解决问题。此外，我们还发现，加速流动就像一个指南针，会引导我们把注意力转向原先被忽略，但却极具影响的问题。事后检讨，我们发现加速流动彻底地改变了我们的投资方向，开始寻求较小、较灵活的资产。无论如何，真正的挑战是引导员工随着问题的浮现，自主地去解决问题，这正是尊重与持续改善的核心。"

"这一切听起来有点玄，但根据我们的经验，只要你逐年减少客户投诉，并大幅缩短交货给客户的时间，你的业务一定会成长。通过加速流动，以及更有效地利用资产，业务的增长则一定会带来更高的盈利。"

"哎呀，看这都几点了，"他因电话响起而喊道，"我得赶去参加另一个会议，希望今天的谈话对你有帮助。我们接下来可以在电话上再聊。"

"谢谢你，我会打电话给你。我最好去看看我的团队会开得如何，希望他们还没有被打扁!"

安迪请一位职员送她回到会议室，不一会儿就消失了。珍妮则在她的 iPad

写下更多关于那 6 个关键点的笔记，当她看见工厂里那些白板的照片时，不禁好奇地想，她可以在南角软件哪个部门试用起来。

"别胡思乱想！"她脑子里有一条神经对自己说，"不要盲目地复制你不明白的东西，还是从头开始，我们该如何定义成功。"

回程的路上天气糟透了，刮着强风，又下着大雨，交通状况也很糟糕。但珍妮还是挺享受自己开车，她一向如此，尤其喜欢开快车。事业成功的好处之一，就是能负担得起一台时尚，又有强大马力的汽车，说实话，强大马力的德国车是她真正的最爱。她对今天能去参观那间生产引擎零部件的工厂，感到非常开心，很高兴认识那些设计引擎零部件的工程师，以及将它们制造出来的工人。她希望有一天能去参观一间汽车组装工厂。

西蒙·邦塞尔无精打采地坐在乘客座上，没说什么话。另一方面，克里斯·威廉森却感到今天的会议很受激励。一路上他都从后座向前靠在两个前座之间，兴奋地告诉珍妮，他的许多新点子，如何能挽救奈普拉斯的项目。当珍妮和安迪在参观工厂时，南角的两位工程师和奈普拉斯的采购经理妮娜·米娅，以及一位叫史都华的采购专员，还有两位奈普拉斯 IT 部门的家伙，开了个工作会议。奈普拉斯的项目负责人对南角工程师们最近为彼得写的程序所提供的补充感到满意。他们也为两位客人示范了他们如何使用软件，以及他们想把它用来做什么。

"整个项目相当有意思，"克里斯滔滔不绝地说，"他们的问题看似简单，但却又很复杂。他们想要为本地供应商提供电子订单，通知他们每天需要的零件数量。原则上，这可以透过现有的物料需求计划（MRP），依据库存消耗量，订货补充，但这会导致需求量的波动，有时太多，有时太少，以致造成供应商生产的不稳定。所以，他们想尝试以其他的方法，来弥补这个缺失。彼得为他们做的第一件事，就是写了一个程序，把物料清单按照供应商来划分，原以为这项工作很简单，没料到现有的 ERP 系统的数据结构非常糟糕，以致软件无法达成目标。我真不知道，他们如何能忍受那套旧系统。"

"天知道，"西蒙证实，"珍妮，你和他们的领导谈得如何？安迪·沃德这家伙看起来好像不好惹。他们原本计划把整个电脑系统升级，但等安迪接管后，第一件事就是停止所有投资。"

"他们曾计划过系统升级吗？"珍妮惊讶地问道。

"你怎么会不知道，罗勃没跟你提起吗？彼得原先和他们探讨系统升级计划，但当工厂被奈普拉斯并购后，就取消了升级计划。彼得为了保住合同，于是向他们保证可以解决当前系统上的问题，他老兄真是害人不浅，让我们不再有机会为奈普拉斯干系统升级的活了。"

珍妮后来才参与这个项目，但她还是埋怨自己，今天来之前没有充分了解项目的背景，做好准备功课。诚然，公司里有许多其他项目需要她去救火，但为什么其他人都知道这件事，她却不知道。她发誓，下次碰到罗勃时，得好好地问个清楚。

"不论如何，"克里斯接着说，"他们现在的做法是，针对每一个外购件，做出 11 周的滚动预测，并发送给供应商，让他们可以对未来的订单做准备。如果我了解正确的话，奈普拉斯要求先以手工方式制作电子表格，所以彼得帮他们写了一个电脑程序，按照过去客户的需求量，为他们设计了一周需要订购的数量预测。他又建了另外一个数据库，里面记录着奈普拉斯与不同供应商协商的批量大小，然后，把预测除以不同供应商的批量，来确定每张订单的批量数目。

"目前奈普拉斯寄给供应商的订单都是基于这个形式，但是他们想进一步地将工厂的运作状况纳入考虑，以避免在遇到意外情况的时候，订购过多的零部件。"

"他们想把实际的生产数据纳入购买零部件的计算中？"

"应该是吧。但坦白地说，以目前的系统，我不知道该怎么进行。"

"我还是觉得你应该按照他们的需求，为他们设计一套新系统。"西蒙坚持地说。

"他们不会接受的，"克里斯肯定的回答，"你没听到吗？他们的预算是用来做小改善的，他们目前没有预算去投资新系统。"

"那么，我们需要说服他们！如果我们让他们继续这样下去，对我们不利。试想我们不停地进行补丁工作，往后要想清理系统，可够麻烦的。更何况我们是靠系统升级吃饭的！我们得认清实务啊！"

珍妮也一直在思考这个问题。当她与大卫开始创业的时候，所有的乐趣都来自类似今天让克里斯兴奋的项目，他们利用电脑的灵活性，去开发小型智能系统，帮助客户解决局部问题。随着时间变迁，客户熟悉 IT 运作后，他们再逐渐把小项目延伸为大项目。后来，他们甚至被邀请参加几个大型企业的内部程序开发，这是他们的技术总监麦克·温布利负责管理的项目。但从业务层面上看，西蒙是对的，系统升级的确是南角的专长，南角的团队专长于如何去评估大型项目的范畴，并配置需要的工作人员，但珍妮同时又怀疑，这样做是否会失去灵活性。还有一点，大型项目的缺点是价格竞争过于激烈，利润也因此受到严重的挤压。她曾经检查过彼得早先对奈普拉斯的报价，虽然整体的销售额不高，但利润却高于其他大项目。

"我认为克里斯的话有道理，"珍妮终于说道，"他们的副总裁安德·沃德今天谈到的大多是'持续改善'。据我所了解，他们的战略是将大改革分解为许多小幅度的持续改善。"

"是的，那正是他们的要求，"克里斯插嘴道，"他们一直提到持续改善。"

"这可能适用于生产制造，"西蒙咕哝着说道，"但对于我们从事的软件工作，一点意义也没有。如果平台不健全，再多的修改也帮不上忙！"

"这点我不确定，西蒙。"他的同事回应道。"奈普拉斯靠着彼得的程序已经减少了许多手工输入，但现在还需要更多的程序。这是他们想要做的，是吧？"

"我们不应该再帮忙了，我告诉你。如果我们让他们继续朝这条死路走下去，这对双方都没有任何利益。"

"我相信这是个关键问题，"珍妮插入话题，"这些小项目对我们公司有什么益处？我们要追随我们的客户吗？奈普拉斯的负责人很清楚他们的价值，已经明白地告诉了我们，他们想要借由持续的小改善，来解决目前的系统问题。他们也曾多次表示目前没有大投资的计划，安迪·沃德特别花时间来对我讲述了改善的概念。当前的问题是，我们是否愿意为他们提供这样的服务。"

"我投票赞成。"克里斯马上回复道。

"好吧，我会参与。"西蒙勉强地同意，"毕竟，他们是一个战略性的客户。同时，有一份收益总比没有好。但是我警告在先，将来他们会后悔的，我可以预见。"

她决定与女儿们度过这个难得的周六，不进办公室，但她又无法抗拒地在餐桌上展开了工作。我该如何定义成功呢？珍妮从她的笔记本电脑里抬起头来，一遍又一遍地重复地问自己同样的问题。

上周发生的事太让珍妮震惊了。她开始琢磨彼得离开公司之前，曾兴高采烈地提到自动测试，这想法其实很简单，就是开发人员采用自动化测试，一边写程序，一边检查程序，免得在完成后，才来测试。她过去也曾听过这个方法，但南角还没有人试用过。当她问起克里斯，他则推荐她去找泰瑞·鲍尔，公司新招募的一位年轻工程师。她发现泰瑞是位敏捷计算的狂热分子，又是一位她所谓的 T 恤兵团的成员，他们很少用完整的句子来表达自己，但却穿常着印有警语的 T 恤，来表达个人的人生观。

珍妮长久以来总认为敏捷软件开发只是一时的潮流，但是今天参观工厂后，她仔细地将敏捷软件的介绍文字看一遍，不得不承认其中的含意有点意思。

比如：个人和互动胜于流程和工具；容易操作的软件胜于长篇大论的文件；客户合作关系胜于合同谈判；以及应对变化胜于遵循计划。这一切听起来和安迪所说的如出一辙，所以他讲的那些概念和方法也许可以应用在软件开发上。她或许应该改变对敏捷软件的看法。

她不得不反省在她的领导下，南角软件已演变成流程和工具重于员工，烦琐的文件重于容易操作的程序，合同谈判重于合作关系，还有经营策略重于临机应变。她不禁回想当年年轻有为，加入大卫新创立的公司的那段日子，大家为了向那些专精于大型计算主机的家伙，证明个人计算机所能做的一切，不惜几个晚上不睡觉。现在，她似乎转变成为一个抵制新思维的人，包括泰瑞鲍尔的敏捷开发，或者是麦克·温布利醉心的云运算。这时，她又自觉地提醒自己，集中注意力，面对当前的问题。唉，真难！

———

当她去找泰瑞时，发现他正沉醉于编程中。他身穿一件黑色 T 恤，上面写着：**'那些自以为了解一切的人，令真正了解的人感到厌烦'**，这行字让她会心地一笑。她把这小伙子写的一些程序，复制到个人笔记本电脑上，她要看看这小子写的程序。唯一不爽的是，她比这个年轻人落后了一代。

她上一次写程序是什么时候？她得诚实地面对自己，并承认过去一直不曾问自己这个问题。生于 20 世纪 60 年代初期的她，从修女学校毕业后，直接搬到了嬉皮社区，与两位女友同住。后来，她为了享受较好的物质生活，找到了一份银行工作，并幸运地进入计算机部门工作，对她的个性很合适。她 30 出头的时候结了婚，然后女儿相继出生。几年后就当她离开银行，加入大卫·马瑞斯的创业计划时，她混蛋的丈夫跑了，留下她与 4 岁女儿，还有一个刚出生的小宝贝。那些久远以前的日子，哦，她真不愿意去回想。

成功？什么是成功？她有一对好女儿，拥有自己的房子，一辆高档跑车，还有足够的银行存款，不需要担心一旦失业以后的生计。她在自己的公司担任总裁，事实上是贷款银行拥有的公司，有多少与她同龄的人能与她相比？然而，她从骨子里知道，她正处于失败中，她没有领导南角软件朝正确的方向发展，她其实是被公司当前的业务情况领着走。她努力工作，为了保全公司，以及个人的位置。之前，她对安迪·沃德的傲慢态度感到厌恶，包括他把他的老板当英雄般的膜拜，并且居然要教她如何管理但她现在发现，安迪清楚地知道自己在做什么，想往哪里去，而他比她小了十几岁！更让她坐立不安的是，安迪的谈话：定义成功，持续改善，专精于少数几件事，让她想起南角的创始人大卫·马瑞斯。

"小姐们，"她对女儿说，"雨停了，我们去逛街买衣服吧。"

两个女孩都以惊喜的表情抬起头来，她的大女儿担心地问："妈妈，你没事吧！"

"好得很，我的甜心。走吧，我今天心情特好。"

员工自主解决问题的管理方式

"你教我的方法在南角软件不管用！"珍妮·德兰妮告诉安迪·沃德。

"嗯？你指哪方面？"

"你说的那些方法，没有一件行得通。我试着为每个项目定义'成功'，我让项目负责人把项目计划粘贴在墙上，但是每个人都在抱怨。而公司的状况变得更混乱。"

"我不太了解你们那边的情况，但据我所知，你们最近在我们公司的项目上所做的一些改变，让我的员工满意，"安迪在电话那头接着说道，"我上次去工厂视察的时候，采购经理妮娜告诉我，项目已经获得进展，她非常满意你们一位网站设计工程师的工作。"

"那是莎朗吗？"

"我想是的。你能具体告诉我，你那边到底出现了些什么问题？"

"我也不知道从何说起，"珍妮接着说道，"你工作那么忙，我不应该为我公司的一些琐事来烦扰你，但……"

"没关系，你接着说。"

"好吧，"珍妮深吸一口气说道，"是这样的，我一直在思考你提过的成功定义，包括客户抱怨，以及缩短交付期等概念。"

"然后呢？"

"对我们软件公司的业务而言，从接手一个项目，直到交付，我们关心的是返工，修改程序，重新发布程序，以及交付时间。我因此要求项目经理每次遇到返工，就标出来。这时问题就来了，因为大多数员工搞不清楚返工和第一次作对的区别在哪里。对他们来说，返工是正常作业的一部分。"

"你知道原因吗？"

"我的直觉是项目在进行的过程中，其范围框架也随着改变。当我们和客户在商讨项目时，对项目的范围原本就没有定义得很精确。之后，当我们向客户展示进展情况时，客户的内部需求可能改变了，因此当初订立的项目范围也随之变动。这导致项目经理们分辨不清，返工到底是因为项目范围的错误理解，还是程序出了问题，或者客户的目标一直在变更。这让我非常头痛。"

"很好，听起来你已经开始上路了，学会思考问题，这是向前跨的一大步。请接着说——"

"但我却觉得一团乱，"珍妮叹息道，"我收集了公司过去 5 年的数据，发现一旦更改程序后，重新发布的频率不断增加，同时交付期也不断地延长。"

"利润率呢？"

"呃，"她迟疑了一下，不确定是否应该对客户推心置腹，但她决定坦诚以对，"利润减少了，但并没有减少太多。因为过去 3 年间，我们拿到了一些大项目，所以总营业额增加，总利润额也还过得去，但是个案的利润率却明显地下降。今年尤其糟糕，因为我们输掉了几个大项目的竞标，所以我说现在公司是一团乱。"

"我不完全同意。我从你的谈话中，听到了一些很好的信息呢！"安迪鼓励道。

"你认为哪些事称得上是好消息?"

"虽然不一定让人兴奋,但你确实有很大的进步,值得肯定!"

"你说我吗?我怎么一点也感觉不到。"

"你记得吗'问题第一',"安迪回答道,"这是取得成功的基本态度。也许你听起来认为我有点说教,但是在学习'领导软实力'的过程中,每件事都与我们面对问题的态度相关。当问题发生时,不去追问'谁的错',而是'为什么会出现这个问题?'"

"我觉得你前面说的话好像还在追问谁的错。依据我的经验,你的第一直觉往往不会偏差太大,当然也可能不正确。客户随时改变项目的范围与目标当然是个问题,但我怀疑它不是造成拖延交付期,以及利润率下降的主要原因。你应该仔细地去现场调查实际情况,以及根本原因,你也许没有感觉到,但这正是关键的突破点。我鼓励你继续勇敢并具创造性地去面对这些挑战,你会有所发现的。"

"好吧,我相信你的话,"珍妮有点不耐烦安迪的理论,"因为我目前也不知道怎么办。"

"噢,我现在不能再接着聊了。但是下周,我会去斯温顿工厂。你的公司离希思罗机场不远,如果你愿意的话,我可以在去机场的途中,顺便来看看你们的工作。"

"那当然好,只是我不想太麻烦你。"

"不用担心,我其实对你们的工作很感兴趣。我的助手会把我的行程发给你,我得挂了。再见。"

"问题第一,"她一边把电话机挂上,一边叹息道:"到处都是问题!"对于安迪·沃德的来访,她一边感到高兴,有救星来了;一边又有点担心,怕自己做得不够。她明白问题不会因为安迪的到来，就会奇迹般地消失了，尽管如此，她还是为自己发现的诸多问题担心。

为了让成功的定义可视化，珍妮要求每个项目小组都把各自的计划粘贴在墙上，并清楚地标注交付日期。最初，大家都无视于她的要求，直到她召集每个项目经理，告诉他们必须每天按时执行。珍妮每天都会与几位经理花几分钟时间，检讨项目的进展情况。从对话中，她发现了各式各样的问题，而且大部分，她并不知道该如何解决。

刚开始时，她针对问题提了不少建议，但后来发现她的团队早已考虑过那些表面上的问题，他们遇到的阻力是那些深一层的问题。因此，她学乖了，干脆只听不开口。员工们盯着她看，等候她的指示，她除了说句"很好，继续努力"之外，不知道能给出什么具体的回答，而觉得有点尴尬。她曾考虑放弃这种做法，但想到她最近参加这些会议，使得她对公司当前的重要项目增加了很多了解，并且更能掌握情况，因此她又无悔地继续参加检讨会。

最令珍妮吃惊的是，大部分项目经理对项目范围的定义都含糊不清，而且也没有掌握确实的进展现况。每周的例会上，每个经理都会就项目做一个阶段性汇报，并讨论客户的反馈或问题。一般来说，每个人的汇报基本上都是项目按照计划进行，没有问题。但每当珍妮就具体的行动计划提出质疑时，听到的回答大多是哼哼哎哎，交代不清。尤其是那些重要的结点，回答要不是客户更改了范围或目标，就是项目组遭遇到预想不到的困难。最后，她发现程序的测试时间被不断地蚕食了，以至于交付给客户的程序总是出现问题，她认为这个情况必须改正。

珍妮觉得她应该和莎朗·米勒谈谈，这个姑娘总是躲在众人背后，不太让人注意。因此，当安迪告诉她，莎朗的工作很令他们满意时，她有点不相信，因为公司里从没有人注意过她。

在过去一周里，珍妮的清单上列出需要跟踪的事项不断增长，丝毫看不到出头之日。"问题第一"固然正确，但总不能只有问题，却没有解答啊。她需要去求援。

———

"啊，我喜欢有劲道的红酒，"麦克·温布利边晃动着杯里的基安蒂红酒，边抬起眼睛，调皮地说道。他是南角软件的技术副总，也是一位颇有声望的软件专家。他除了参与公司的日常事务外，还花很多个人时间主持外界的专业会议，发表专题演讲。一开始，珍妮并不赞同他这样做，但是后来认识到这么做其实为公司带来很大的价值。他们两人的私交很好，麦克在专业领域的声望的确为公司带来很多新业务。

"麦克，你认同以测试驱动程序开发的方式吗？有没有什么想法？"珍妮问道，"噢，这是个大题目。你是说在编写程序前，先编写测试程序吗？可不可以把你的问题说得更具体一些？"

"我们最近交付给客户的程序总有许多错误，因为交付客户前没有充分地测试。这导致我们不断地更改程序，不能准时交付，让客户不满。我在思考，是不是可以训练我们的程序工程师，测试各自的程序，来提高程序的质量？"

"我们曾经试过，但不成功。"

"你知道为什么吗？"

"我也不确定。但可能与公司的文化有关。这个自动测试的想法听上去很吸引人，但是要求每个程序工程师都接受，并且去执行，却是另一码事。"

"你知道怎么做，对吗？"她满怀希望地问。

"也许吧，"他谨慎地回答，把瓶里的最后一点酒，倒进两人的杯子里。"但是——"

他注视着杯子，陷入了思考中。他是一个体型微胖的中年男子，有一头不服帖的白发，珍妮一直很纳闷，他如何能巧妙地把个人形象，从一个大腹便便的电脑人，转变成一个颇受媒体宠爱的天才？她对他的服饰不敢恭维，细条纹的西装，配上彩条纹的衬衫，再加上不合适的领带，任何人看了都会摇头。

"我需要腾出时间来，这不是一件简单的事。这意味着我必须比前几年花更多时间来参与公司的日常事务。"

"你愿意这么做吗？"

"我想我会吧。我基本上已经完成了刚出版的图书签售任务。身为公司的首席技术官，我应该义不容辞。你知道吗，当一个人远离程序一段时间后，再回头学习，会蛮有意思的。但——"

"但是什么，麦克？"她非常尊敬他，也真心地被他技术上的智慧所折服，但他有时也很有个性。

"我大概知道怎么做，但你可能不会高兴我的做法。"

"我们以前的技术不错，甚至可以说很棒！"珍妮感叹地说。

"的确，我们过去的表现一流，"他笑道。

"我们可以回到以前那样吗？还是那都是大卫的神奇魔力？"

"你是在问，你作为 CEO，能带领我们的公司像以往那么出色吗，珍妮？"

她看着麦克，一时不知该说什么。

"你知道你可以做到的，"他俏皮地摸着鼻子说道，"你终于开始问正确的问题了，我可以感觉到这家公司又会变得有趣起来了，开始测试！老板。"

"测试！"她点头道，长长地舒了口气。

"我要按我的方法去执行噢？"

"全面授权！"

"这会很有趣的！"麦克开怀地大笑。

"你必须去聆听员工的意见，"安迪边看着墙上的项目计划，边说道，"并且让他们感觉到，他们的建议是被重视的！"

他看上去状态不很好，有点咳嗽，并眼带黑圈。他迟到了，因此不能停留太久，否则可能会赶不上预定的班机。虽然南角公司就在第四航站楼边的一个工业园里，但下班时段附近的交通状况很难预测。

"我们每天都在这块管理板前讨论。"珍妮回答道。

"但是你真的聆听了他们的意见吗？"安迪问道，试着以一个疲倦的微笑来缓和气氛，"我很高兴在墙上看到项目计划，但是你们在追踪什么？返工，对吧？没问题，但是你必须回到'领导软实力'的基本原则上，到现场去观察：站在员工的立场，通过员工的视角去看待问题，并且考虑发生问题后，可能对团队会造成的影响。"

珍妮深吸了口气，在脑海中用力思索。尽管她已经很努力地在学习这套方法，但发现要从员工的角度去看问题，还真费劲。

"你又在为我添加压力了。"珍妮喃喃地说。

"嘻，"有个人在他们背后轻轻地发出笑声，被珍妮听到。她发现是泰瑞鲍尔，一个聪明的年轻程序工程师。他正挂着耳机，背对着他们，在几米外的办公桌边，编写电脑程序。

"泰瑞，"珍妮没有好气地叫他，"你如果想加入我们的对话，就请过来吧，别躲躲藏藏的！"

这小伙子转过身来，挂着轻松的微笑，懒散地回答："你明白我的意思，你在讨论项目时，往往用尖锐的语气责问我们，为什么项目没有按计划日程完成？我们很清楚没有按时完成项目，但是你的责问并帮不了忙，只会徒增项目组的工作压力。"

"这的确是个很容易犯的错误，"安迪边咳嗽，边说，"我在管理第一家工厂的时候，也犯了同样的错误。我为了让每个人都按时完工，急切地去施加压力，直到工人决定发起罢工。

"那因为他们是法国人？"珍妮半开玩笑说道。

"不无道理，"安迪不带笑容地回答，"但我的妻子也是个法国人。"

"呃，对不起，我不是故意的，我只是开个玩笑。让我们回到这块白板上？既然我们可以清楚地看到目标，但却无法准时完成，我们该怎么做？"珍妮问道。

"首先我要问，你为什么要将这些数据公布在这块板上，想要让每个人都能看见进度？"说到这，安迪停顿了一会，然后为自己的问题给出答案，"目的是促进团队合作。到现场观察的意义是到工作发生的地点，去认识参与工作的员工，了解他们之间的关系。我们不需要向员工们施压，要求他们更努力地工作；我们只希望员工能更聪明地把握时间，更有效地在一起工作，不把时间浪费在那些不能创造价值的步骤上。我们希望去发现浪费是由什么样的问题和错误造成的，然后大家可以一起去解决问题。"安迪注意地看白板上的信息，接着问道："你不正在重复地做你在我工厂里看到的事吗？"

珍妮没有明白他的意思，只是呆呆地盯着白板看。

"你还记得你在我的工厂看到的那块空着评论栏的生产分析白板吗？是你提出来的，记得吗？"

"你是说我们犯了同样的错误，"珍妮疑惑地问，"没有留空间给员工表示意见？"

"对了。但更重要的是问你自己，评论栏为什么这么重要。你们展示了许多数据，为的是可以清楚地看见每个成员的工作进度，彼此了解并相互支持。但对那些落后预期目标的项目，却没有跟踪原因，以及行动计划。"

"那不应该是项目经理的工作吗？"

"那是一部分。让我们再来回忆一下'领导软实力'的含义，那就是听取员工的意见，并重视他们的意见。"

"万一他们的意见是错误的呢？"

"问得好。你记得理解并不等于同意吗？你可以设法告诉员工，你听到他们的意见了，而不仅是简单地给他们一个对或不对的答案。员工们每天在工作现场，他们距离问题最近，他们所说的和所想的多少会对解决问题有帮助，所以我们把每个人的意见都清楚地记下了，然后一起来讨论。

"照你的说法，我们只要再加上一格评论栏就可以了？"珍妮怀疑地问道。

"我建议你用这个，"安迪边说边走到房间一角的白纸板上，写下 6 个栏目：

日期	问题	原因	对策	受影响的人	状态

"要求项目经理每天在回顾计划时，聚集小组成员在一起，做一个深度剖析，并记下结果。主要的目的是明确以下几点：

- 当前的问题是什么？越具体越好。

- 问题的原因是什么？问为什么。

- 计划如何去处理这个问题？

- 哪些单位或个人会因此受到干扰？最好把他们拉来一起讨论。

- 现状如何？按计划进行中，晚于预期，还是被中止了？

珍妮入神地看着这 6 个栏目，并思考了一会。"这些栏目到底能如何帮助我们呢？"

安迪回答道："假设今天公司运营的问题是由于每天例行工作所造成，而大家却不知道如何有效地去解决它。"

"或者，我们正在解决一个错误的问题？"

"很好。我们尊重这个团队，所以不能只把问题丢给他们，让他们自生自灭。身为管理层，我们的角色是为员工移开工作上的障碍。"

"但是，我们并不知道答案啊。"

"对了，我们不知道应该如何去解决，因此必须和大家一起学习，所以把问题写在白纸板上。"

"所以，你在教我一个新方法，对吗？你强调'问题第一'，要求我们把问题一个个列出来，然后，组织团队一起调查，一起解决。只要继续做下去，时间久了，自然会越做越顺手。"

"完全正确，重点在团队合作。在精益的语言里，就是如何突破等级以及职能部门的条条框框，同心协力地去解决问题。这是门学问，听起来有点玄，让我们来尝试一下"。

安迪说着，转过身来，面对泰瑞说："嘿，年轻人，你刚才说项目迟了，你知道原因在哪里，说说你的想法。"

泰瑞正预备重新回到他的电脑屏幕上去。"我的电脑太慢了，"泰瑞微笑地回答。

珍妮翻了个白眼，希望安迪没有看到。

"很好，"安迪接着说，"请你把这点写到白板上，好吗？让我试着来展示怎么做。"

"好的，"泰瑞边说，边站起来，到白板上写下'电脑速度太慢'。他今天的 T 恤衫印着一行警语'每 7 个人中，有 3 个人不懂数学'。

"你认为电脑慢是什么原因？"安迪问道。

"我跑的程序占用了太多的电脑内存。"泰瑞回答道。

"为什么会这样呢？"

"没办法升级，"他边耸肩边，瞄了一旁身体紧绷、双手环抱的珍妮。

"应该采取什么措施？"

"买新的电脑？"

"那太简单了，"安迪笑道，"让我们先来想想，有没有不花钱的方法？有其他解决方法吗？"

"我也不确定，我曾经考虑删除一些不常用的程序，但还没有时间去做这件事。"

"我以为你们大家已经都同意定一个固定的时间，定期清除电脑上不再需要的程序，卸载那些不常使用的程序。"珍妮半途插进来说。

泰瑞耸了耸肩，不置可否。

"你认为这是根本原因吗？"安迪问道。

"当然，一旦电脑装载太多程序，彼此之间可能会相互影响电脑的运行。"泰瑞很有信心地说，"但是我们没有时间来维护，这件事听起来简单，但实施起来很费时间，一旦你触动一些程序时，可能会影响其他的程序。一般说来，买新电脑是解决这个问题最有效的方法，尤其现在电脑进步得这么快。"

"每个人，包括我，都会抱怨电脑太慢。"珍妮也补充道。

"我们现在不讨论个人问题，而是想办法处理泰瑞因为电脑慢，而导致拖延项目进度的问题。这是需要解决的第一个问题，我相信一定还有许多其他问题。你有没有觉得，目前这个情况和你上次在我的工厂里，看见的那个操作员必须去重启那台机器一样，虽然那并不是工作流程中的一环，但设备问题却阻碍他们去达成目标。"

会议室里出奇的安静，让人有种不自在的感觉，没有一个人发出声音，安迪和珍妮一直站着。几秒钟之后，泰瑞以他惯有的口吻说："我回去工作了。"

"去的我办公室？"珍妮问安迪。

"好的，"安迪回答道。

———∽———

"你想聊什么？"安迪坐在办公桌边，说完接着一轮咳嗽。珍妮心里想，你最好把细菌留在自己身上。她走回办公桌边，一边翻了翻等她签字的文件，一边让助理去拿热茶，让安迪有时间喘口气。

"你刚刚让我在泰瑞的面前出丑了！"

"你认为丢了面子吗？"

"呃，"她迟疑着说，"你的意思是，我就是'问题'，不是吗？"

他看着自己的手，一言不发，但是嘴角却微微动了下。

"噢，老天爷！这套方法实在太难了。"珍妮说道

"这就是学习的过程。你试着站在泰瑞的位子上，通过他的视角来看问题。他看到的是电脑太慢，以及交货期的压力。"安迪说。

"而那位无情的老板一点也不关心，我知道你要说什么。身为领导，我每天听到的都是员工的抱怨，要求新的、更贵的设备。"珍妮回答。

"这只是一部分，不是最重要的。关键的问题是：为什么你刚才和泰瑞的对话这么困难？"

"什么意思？"

"那不是一场轻松的对话，你同意吗？"

"尴尬极了。"

"但为什么呢？"

"因为，因为……"她努力地思考，刚才的过程确实比她预期的困难。"不是自我安慰，这么难是因为这个过程本来就不容易应付。身为领导，我们不知道如何去处理类似的对话，也不知道如何去处理员工们遇到的问题，是这样吗？"

"正中要害。不管你信不信，这块白板将会对你提供很大的帮助。它带给你一个工具、一种语言，为工作对话提供一个方向，针对问题，不对个人。我们再来明确一下这块**白板的目的**，它能帮助团队成员厘清思路：

- 明确问题的本身；
- 深入地分析问题的原因；
- 最佳解决问题的对策；
- 开诚布公地找出哪些部门可能受到影响；
- 严格追踪解决问题的动态。

"你记得我曾提过，要培养员工解决问题的意愿和能力吗？我们希望员工去解决问题，而不是在第一次遇到困难时就被拦住。我希望他们学着去发现其他可行对策，挖掘更深的原因。这块白板就是一个很好的支撑工具，它为员工们定义了成功解决问题，同时帮助项目经理召集员工一起来思考问题，最终成功地移除通向成功的障碍。这就是团队合作，但需要很多练习。"

"但你如何去培养团队合作和进行团队建设？"

"通过解决问题。我们通过员工一起解决问题，培养他们解决问题的能力，从而建立团队精神。另一种解释，'领导软实力'就是通过解决问题，来管理团队。"

"就像你在发货区培养的那些员工一样？"

"对，就像那样。"

"但是我该怎么开始呢？"她无奈地问道，"我已经花了几周的时间去发现员工的问题。但当我试着去解决这些问题的时候，我觉得自己像是一个傻子。因为员工们早已经考虑过我提出的建议，我解决不了他们的问题。不仅如此，你刚才也看到了，凡是与问题有关的对话，都会演出刚才那一幕，使得彼此之间厌烦和生疑。

"我不否认这一点。"安迪回答道，"也许你不信，但是解决问题的管理方式只需要一个工具，**问为什么**。你不需要去为解决员工的问题烦恼，也不需要有应对的答案，只需要问为什么？"

"问为什么，就这样简单?"珍妮充满疑惑地问道。

"是的，就这么简单，**只问为什么**。身为管理层，你不需要试着去解决员工的问题，而是帮助这些程序工程师、经理和专家们建立良好的关系，让他们能合作去解决问题。所以你引导他们去理清楚问题是什么，了解造成问题的原因，不断地问为什么。然后通过了解对策，实施后的状态，以及得出的结果，来评估这个对策是否有效。

"你多次提到'对策'，你是指解决方法吗?"

"这是一个精益的术语，"他补充道，"我们不相信问题会有完满的解决方法，因为没有一个流程是完美的，总会有可以改进的空间。因此就像采用对策先止血，然后再找出更好的对策，去消除根本原因。对策某种程度上像是副药方，但并不是一劳永逸的解决方案，如果你能理解我的意思。"

"我想我大概了解，但还不确定。"

"好吧，我换一个方式来解释。我们在心里有一个理想情况，或称之为标准，**现状和理想情况之间的差距就是问题**。对策是帮助我们达到理想情况，或重回标准的一副药方。在这个过程中，能把现状与理想情况之间的差距理解为问题，是非常重要的一步。如果员工都能明白现状是什么，理想情况是什么，大家就会试着去缩短其间的差距，从而进行改善，填满这个差距。当管理层这样去看待问题，他们就会和员工并肩作战，一起去解决问题。

"嗯，我明白了。我只需要问为什么，并不需要提供答案，把问题留给大家一起去思考。"

"这是一种锻炼，问'为什么'千百次后，你对'为什么'会有更深的理解。刚开始时，员工会有自卫性的反应，这是人之常情。同样的，**对管理层总是责难那些有不同意见的员工，他们也早就司空见惯了**。"

"就像我刚才和泰瑞那一幕。"

"是的。"安迪笑道，"在员工的眼里，管理层看到的问题，就是员工没有正确地按照规定执行。因此，问'为什么'其实是一个与员工合作，一起去寻找问题之根本原因的手段，建议你常常练习问为什么，但不要去追问谁的错。一般人在探索答案的过程中比较情绪化，往往把注意力留在第一反应上，因而导致解决问题的过程不容易进行。但是如果大家都习惯问为什么，我们就可以冲破这层本能的障碍，分享每个人对问题的理解，这就奠定了团队合作的基石。"

"因此我建议你学习问为什么，直到员工们不用现成的答案去回答问题，而开始真正去思考问题。这需要练习，而且刚开始时可能有点尴尬。有一点要注意，员工有时候会沉默以对，但这并不一定代表他在生气，说不定他开始用头脑思考，不再随便找个答案来搪塞你。问为什么听上去很简单，你或者会认为过分简单，但它确实是'领导软实力'的一个重要步骤。"安迪总结道，**"第一，顾客至上；第二，现场观察；第三，展示尊重；第四，问为什么。"**

"这听起来不难，"珍妮回应道，"也可以应用在我们刚刚经历过的那一幕？"

"是的。我们去找泰瑞，他正在工作，他被问及为什么没有准时完成项目。我们试着从他的角度，去理解他的看法，这表示我们对他的尊重。这套方法需要很多练习。"

"对不起，我不是不尊重你，但我很怀疑，这样做能解决南角公司的问题吗？"

安迪揉了揉疲倦的眼睛，看了一眼手表，发现飞机起飞时间快到了。珍妮担心安迪赶不上飞机，紧接着说，"我不是赶你走，但如果你再不动身，可能会赶不上飞机！"

"我现在就离开，"他边说边起身，"但我走之前，希望和你的网站设计师碰个面？"

"你指的是莎朗·米勒吗，当然可以！"

他们在莎朗的办公桌旁找到她。

"噢，你好，沃德先生！"

"莎朗，你好吗？"

"非常好，谢谢问候。"莎朗回答道。珍妮注意到她因为兴奋，脸上有点红晕。莎朗是一个个子高瘦的年轻女工程师，有双深绿色的眼睛，工作很努力，但有时因为紧张而显得害羞。

"妮娜告诉我，她非常满意你开发的供应商评估图表。"

"那太好了！"

"莎朗为我们设计了一个程序，把那些不准时送货，或提供不合格产品的供应商显示出来。"安迪向珍妮解释道，"我们可以点击那些异常的数据，从而找出相应的供应商，这正是我们需要的软件，可以帮助我们启动今年的供应商开发项目。这也是我的 CEO 今年要求我完成的工作之一，所以谢谢你。"

"太客气了"莎朗回答道，露着带羞的笑容。

"顺便提一下，请你和妮娜讨论下，开始设计一些类似可以应用在人力资源方面的程序。我们很需要一个可以显示员工薪资和工龄的软件程序。

"没问题，我会的。"

"那太好了。你做得很棒，谢谢。"与她握完手后，安迪匆匆地离开了大厅。

"谢谢你。"珍妮诚恳地道谢。她安排了一位员工开车送安迪去机场，这样可以节省等出租车的时间。

"不客气。"

"我真心得谢谢你，也许你也看得出来，这段时间对我来说真的很不容易。但是我从来没有像现在这么有信心，你谈到的这些管理理念和方法正是我需要的。同时还要谢谢你抽时间和莎朗交谈，她一定很感激你的回馈。"

"不用谢，我们需要让员工们知道他们的工作表现。这也是管理层工作的一部分，不是吗？"

"当然，你是对的。"

"我刚刚在想，"安迪上车前对珍妮说，"你应该再安排到斯温顿工厂来一次，看看我们在现场如何应用可视化管理。你每天面对电脑，可能觉得我们的工作不够高科技，但我想现场观察会对你有所帮助。"

"非常感谢你的邀请。"

"你可以联系安娜，她会告诉你，我下次什么时候再去工厂，再见！"

"一路平安！"她目送安迪在雨中匆匆地上了车。

飞机即将在法兰克福机场降落，安迪靠近椅背，他因为感冒，身体不是很舒服。他觉得自己应该回家，去看看太太克莱尔和孩子们，而不是又到另一家工厂去处理头痛的运营问题。但他又觉得自己不回家比较好，不然把病传染给孩子们，那就更糟糕了。

有件值得高兴的事，奈普拉斯公司最近赢得了一家德国著名汽车公司的新车合同。安迪对这部新车的车型非常看好，相信会是台热卖车。他们之所以能赢得这笔生意，因为他们建议用塑料取代传统的金属铸件，双方对新产品的价格都很满意。汽车公司对于零部件成本下降非常开心，而奈普拉斯公司除了有满意的利润外，还能增加业绩。新车正式生产马上就要启动了，汽车公司的工程师们个个神经越绷越紧，有成堆的问题需要解决。因此安迪必须经常到德国工厂去，和他的员工一起努力地解决问题，全力关注新产品的制造与质量。

安迪喜欢他的工作，但并不喜欢出差，尤其是冬天。他尽量把出差时间安排在工作日，这样可以在家过周末。到现场去的理念驱使他，几乎每天到不同的工厂去，虽然很有趣，但的确也很累人。

安迪目前比较担心斯温顿工厂，在被奈普拉斯收购前，这家工厂已经两次易主。菲尔买下这个工厂的最大原因是，该厂供货给两家日本汽车公司在英国的工厂。工厂的运营因为过去两次裁员，而变得很糟糕，伦恩·巴顿是厂长，他经历过好几次管理层变更以及裁员，但都留了下来。伦恩的执行力很强，而且对工作环境嗅觉敏锐，但惯于超负荷地使用设备与员工来完成生产目标。安迪一直想让他明白，95% 和 99% 的差距不是光凭挑战员工能挤出来的，必须多聆听员工意见，给予辅导以及对员工的支持，才能奏效。

说实在话，安迪并不喜欢伦恩，因为伦恩过去喜欢雇用个人的亲信，去担任管理工厂的管理工作，比如找他的好友担任生产经理，代他执行命令，同时打压不同的意见，以免招惹上层的注意。迄今，伦恩好像是还没有完全接受菲尔和安迪提倡的自主和创新的管理模式，就像他们在发货区培养提姆的那一套。相反地，他却对他的生产经理采用的传统管理套路非常赏识。安迪明白，如果他要求伦恩开除现任的生产经理，就会被冠上"照我说的去执行，而没有以身作则"的恶名。

更何况安迪目前不能失去伦恩和他的伙伴，因此安迪必须想办法继续和他们建立合作关系。到目前为止，安迪努力地先与一些理解他的想法和计划的经理们建立关系，当然也希望伦恩会慢慢觉悟过来，改变他的管理方式。安迪回想起，第一次与南角公司的珍妮一起参观工厂时，她发现车间里的**生产分析板**并没有反映出员工的问题，却被用来追问生产延迟的责任。但不可思议的是，当珍妮把这块白板带回南角时，却又犯了同样的错误。当珍妮与安迪一起参观工厂时，她并没有注意到安迪在现场所看到的问题，不然真糗，哪里有资格还给人家上了一堂'领导软实力'的课。

飞机摇摇晃晃地着陆了，颠簸带给安迪一阵反胃。一想到还要在雪地里开一段车才能到宾馆，不禁一阵沮丧。但想起在南角的走现场，却又带给他一丝安慰，也确实让他精神一振。他并不知道这个试验会不会成功，但是珍妮·德蕾妮非常努力地在尝试，令他很欣慰。他诚心地希望珍妮的努力可以获得回报，因为他对南角的软件业务毫无概念，他只知道按照他的逻辑：挑战员工，聆听员工意见，教会员工如何去解决问题，给予支持，帮助他们的团队，一起更有效地工作。有一件事是肯定的，他发现了一个新领域，想到这，他又兴奋了起来。

⟨~❯

"珍妮，你这样做是不对的！"罗勃·泰勒闯进了珍妮的办公室。

"喔，罗勃，请坐下来谈。"珍妮故作镇静地说。珍妮心里在纳闷，不明白当个老板为什么要被内部这么多人支使和非议，从程序工程师到销售经理；这还不包括外部的客户。

"什么事让你这么火大？"

"我没有生气，"罗勃在她的办公桌前来回移动。他最近胖了不少，看起来不像以前那样英俊潇洒。他刚刚从安提瓜岛度假回来，晒黑的皮肤并没有增加他的吸引力，反而看上去像一个花花老头。

"你知道这是不对的。一位主要客户的欧洲高级主管来我们公司，你竟然没有邀请销售部门的代表参加？"

"我给你发过邮件的。"珍妮回答。

"一封邮件，你开玩笑吗，你知道我每天要收多少封邮件？"

"你是说你不读我发的邮件吗？"她皱眉道。

"我不是这个意思，"罗勃反驳道，"我是说，作为公司的销售副总，至少应该让我知道有客户来访吧。我更不明白的是，你把西蒙调离了这个项目，以致我完全不知道奈普拉斯项目的进展情况。"

"我并没有把西蒙调走，"珍妮冷静地回答道，"他需要集中注意力，去完成MRX 的项目。说实话，他不赞同目前我们对奈普拉斯项目的做法。销售部有克里斯在，他做得很好，也很开心。我看不出有任何问题。"

"我多说无益。只是你让程序工程师直接与客户联系，那你让我们销售部门日后怎么推销？你知道公司有既定的流程，销售的责任是征询客户需要，项目经理负责拟定技术要求，然后技术开发团队编写程序并测试。这是南角公司一向奉行的工作流程。"

"这套流程很管用，是吗?"珍妮不客气地回问道，"你觉得公司业绩表现得很好吗?"

"我可是接回一个比一个大的订单，"罗勃夸张地回答。

"但公司不赚钱!"

"那是运营管理的问题，不关销售的事。"

他们相互盯着对方，她突然意识到，人际关系会随着时光与环境而改变。随着时间的推移，某些人身上过去最吸引人的特质，居然会变得令人无法承受。罗勃过去是一个非常优秀的销售员，专注、充满魅力，但是他今天的自私和自大却让她无法忍受。

"我和麦克谈过了，我想恢复我们过去每周三晚上去乔瓦尼酒吧喝酒的聚会，"珍妮想把话题转移。

"你知道我晚上无法参加，我住得比你们远，要开很长的车程回家。"

"那中饭呢，周三?"

"我会记到日程簿上，但不一定每次都能参加。"

"我希望你能来，"珍妮冷冷地说。

他们又盯着对方看了一会，他似乎想说什么，却迅速转身离开了。

珍妮安慰自己，刚才的对话比她预期的好。她不记得前一次讨论公司业务状况的对话是什么时候了。罗勃是一个她试着避开的火药桶，尽管她是公司的CEO，但是罗勃、麦克和她拥有相同的公司股份，其他大部分股份被一家投资公司所持有。当时这是一个不得已的安排，因为三人中没有人有足够的现金。她突然想起一个类似的比喻:有个人在沙漠里迷了路，坐在一颗仙人掌上。后来有人问他为什么会坐在刺人的仙人掌上? 他回答说，那时候觉得是个很不错的想法。

"欢迎，我是伦恩·巴顿，斯温顿工厂的厂长。"他边说边与珍妮·德蕾妮握手。伦恩看上去有点像发货区经理提姆的瘦版兄弟，同样的热情，深邃的灰眼睛，头皮在日光灯下显得很亮眼。"安迪·沃德因为有急事，被留在德国了。他感到抱歉不能亲自接待你，"伦恩说道。

"碰到了什么麻烦吗?"

"汽车行业，"他耸肩说道，"随时有状况发生。他们刚开始生产新产品，非常忙。所以要我陪你参观工厂。"

"非常感谢，"她点头道。她这次是独自开车来的，以便在长途驾驶中可以静静地思考。

"你来自一家电脑软件公司，是吗?"

"是的，我们正在为贵公司开发一些采购系统。"

"噢，我听说你们做得很棒。我们的系统不理想，当我们被收购时，曾经建议升级系统，但没有被采纳。"

"新买主不愿意投资，对吧?"她问道，试着探寻更多信息。

"嗯……也不完全是，"他犹豫着，不想透露太多信息，"目前还没有进行这方面的投资计划。沃德先生想先了解问题，然后再决定下一步行动计划。他想看看大改变前，我们可以做些什么小改进。"

"一小步、一小步地改善。"

"你说对了，要求我们每天改善一点，那一套做法可费劲了，快把我们逼疯了。不谈这个，安迪要我带你看一个可视化管理的成功范例。"

"太感谢了。"

当他们两人穿过办公室，在走向生产区的路上，伦恩静静地不发一言，珍妮不知道该不该说点什么。最后她决定开口探探情况。

"你直接向安迪汇报吧，他这个老板好伺候吗?"

伦恩提了提眉毛，看着她，露出了不自然的微笑。

"很难说，总之，和我以前的上司非常不同。"

"怎么说？"

"当奈普拉斯刚并购我们公司的时候，大家对他那一套持续改善，尊重员工和团队合作的道理并不认同，那时的确有点困难。大家都在这个行业里待过很长的时间，什么风浪没有见过，因此很多人都低着头，听命行事，等风头过了再说。

说完他又接着沉默了一阵，珍妮没有再接腔。

"但经过一年的努力，我开始看到工厂起了变化，员工们开始团队合作了。安迪那套可视化管理的理念正在逐渐改变员工的行为，到处都使用**可视化管理板**，还有那些为质量设计的**红盒子**，零部件的**追踪白板**，以及**拉动看板**。你不同意也不行，大家必须学着做。

"红盒子？"

"我待会会带你去看的。他们非常坚持这套管理方式，总裁告诉大家'必须执行这些可视化工具和改善研习会，不同意的人可以离开公司。'"

"CEO 也来过这里？"

"菲尔·詹金森先生吗？当然来，他经常来。"

"他是一个怎么样的人？"

"美国人，大个子，但很安静，不像其他的老总，他把大部分时间花在制造现场，每次过来，都会到现场去。首先，他要求去看最近发生的工伤事故现场，然后他会沿着发货部门，一路视察到原料与零部件仓库。接着，他会要求去看我们上次的改善活动。从来不多说话，除了一直问'为什么'，'为什么'，真的快把我们问疯了。"

"你是当真的？"

"是啊。他每次来的时候，我们工厂的同仁都特别紧张。他会问很多细节问题，对其中的关键与技术，掌握得非常清楚。当他在看我的财务预算时，我从来不敢大意，因为他总让我觉得他对那些数字比我了解得更清楚。"

"听上去像是管理得很细。"

"你也许会这样想，但是也不尽然。"伦恩想了想回答说，"这就是奇怪的地方，菲尔和安迪从来不告诉我们应该怎么做，但我们却被一个无形的网给罩住了。他们非常重视可视化管理，当菲尔来参观工厂时，如果有产品或设备摆放在不应该放置的地方，你除非有很好的理由，不然就只有指望上帝照应你了。除了不增加投资外，他们基本上把所有决定权都留给工厂的管理层，然后就一直追问进度。"

"问为什么吗？"

"啊，对了，还有为什么！当然要问，"伦恩转着眼珠，"你想解决的问题是什么？这是真正的问题吗？你为什么这样想？你试过了吗？你确定吗？无休止的为什么。"

"可以想象，这些确实会让你们感到不自在。"

"有些员工已经习惯了，有些还不能适应，也有一些优秀的员工离开了公司，就因为他们觉得自己被当成小学生一样。但是从全局看，当你习惯后，拥有个人工作自主权的感觉真不赖。"

"这套方法有效吗？"

"这很难讲，"伦恩耸肩，做了一个鬼脸，"整个工厂的运作感觉上还不到水平，因为有许多问题需要解决，但是业绩却比之前任何时候都要好。所以，我们一定是做对了些什么事。我过去总是认为幸运比做得好更重要，但当前的状况越来越稳定，无所谓幸不幸运，什么时候都一样。而且来自公司总部的要求越来越少，因为总部的人员减少了，没有时间去创造新工作要求，我们只需要致力于工厂内部的管理工作。噢，我们到了，让我去把这个区的管理人找过来。"

伦恩拉过来一个矮个子，年纪比较大的男士，介绍给珍妮，他叫史蒂夫。

伦恩请他介绍他的工作。

史蒂夫说："每当安迪和我见面时，他总是问'你今天为操作员做了些什么贡献？'如果照他的指示，还会要我去帮忙操作员，解决他们的私人问题。"他笑着说，"真正的突破口是这些红盒子。你可以看到就在生产单元里。每台机器旁都有一个红盒子，当员工发现产品质量有疑问时，就把它放进红盒子里，通知班组长。因为我们实行的是单件流，一旦发生了，就会让这个单元停工。"

"一旦停工，你们就无法满足生产板上的交货量。"

"是的。这里的班长，就是那边那位先生，"史蒂夫边说边指向生产间里最后一台机器上的操作员，"如果有问题，他就会过来，查看这个产品是不是真有质量问题，同时也查看机器是否正常，操作员是否按照步骤进行操作。如果找到问题，可以及时解决，继续生产。如果有其他不能解决的问题，他们就会来找我。"

"你是说，他们会让生产线停下？"

"是啊，我会尽快赶过来。"他给我一种经验丰富的老手的感觉，"不然，继续生产有质量问题的产品没有任何意义。"

"整个工厂都这么做吗？"她问一直站在边上，不发一言的厂长。

"还没有全面实施。史蒂夫的部门是个试点，其他的单位正预备开始这样做。"

"道理其实很简单，"史蒂夫接着说，"你只要能清楚地告诉员工，什么是正常的，哪些是异常的，最好是一眼就能分辨出来。这就像开车一样，你需要一条白线来告诉你，是否越线了。这些红盒子就是告诉我们，产品是否在质量规范之内。"

"红盒子不仅把问题显现出来，还要求管理层和员工迅速采取行动，去处理这些异常现象。如果你发现问题但还继续生产，就像你在开车开错了边，当时没有人阻挡你，但迟早会撞上一辆卡车的。这一切都是为了保证员工在单元里工作安全，并帮助他们完成当天的指标。"

史蒂夫边说边走到一面大白板前，就像珍妮以前在别的生产车间看到的一样，但这块生产分析板的栏目里填满了信息。

"看这边，"史蒂夫说道，"首先，我们接到这些拉动广告牌，每块广告牌就是一个生产订单。只要看到这些拉动广告牌，生产班组就知道接下来的几小时内，他们的生产任务是什么。就像在餐馆一样，跑堂送来订单，告诉厨房客人点了什么菜，然后把订单按次序排列起来，我们就一件接着一件地生产。"

"菲尔和安迪帮助我们加速了生产线的流动，"伦恩插话道，"通过这套广告牌系统，我们能实现平衡生产和拉动生产，这对我们的库存有极大的影响。"

"但对生产车间来说，却带给我们一大堆问题。"史蒂夫嘟囔道，"我们再也不能像以前那样随意生产某个产品，而必须按照广告牌的顺序，接着生产下一个产品。同时，我们必须大幅度地提高换模或换型的速度，一遇到问题就得及时解决，再也不能置之不理。你明白我的意思吗？"

"我听懂了，"珍妮回答。

"从另一方面来说，我们也再不用去看那些电脑屏幕，只需要按照拉动广告牌生产。第二点，这些红盒子会告诉我们是否有质量问题。目前每班可能会出现 $1 \sim 2$ 个不合格的产品。但刚开始的时候，这盒里堆满了不合格的产品，我从来不知道我们竟然会生产出这么多质量有问题的产品。"

"有这个**生产分析板**，我们可以知道生产的速度是否够快。所有的情况都被清楚地标注出来，员工们可以专注于工作，不被打扰。他们工作得开心了，我也就开心了。"

"但是当你遇到停产时，那不是阻挠吗？我发现分析板上有很多注释，"珍妮注意到。

"是的，这是一个好现象，我每小时来查看一次，并告诉他们，如果不写出来，我是不会听的。如果他们什么也不写，意味着没什么事要对我说的。"

"然后呢?"

"你不会相信我们的生产效率提高了多少?"史蒂夫自豪地说,"刚开始时,我们没有注意到有这么多需要返工的产品,严重影响生产效率。后来,我们又发现有很多'**人体工学**'的问题需要解决。员工因为工作姿势不对,手臂或肩膀容易累,久了就会变成工伤,减低工作速度。为了减少工作疲劳,我们为员工设计每两个小时更换工作,并且消除工作的单调性,免得过于枯燥。这些事需要一件一件地去解决,虽然生产单元的运作还不够完美,但整体上变得越来越顺。现在我们开始处理设备不稳定的问题。正如安迪说的:**第一先改善员工人体工学的问题;然后改善设备故障的问题;最后改善设备与设备之间的物流问题**。

"噢,听起来不可思议,你们做得真好!"

"谢谢夸奖,不敢当,"史蒂夫边摇头边说,"这就是我的工作,一步一步地改善,但很有趣。当沃德先生第一次来的时候,我觉得他说的那些团队合作完全是唱高调,我之前也都听过。但是当他要求我们实施可视化管理后,他说的那些突然变得有意义了,我看到员工现在干活就像一个团队,一遇到问题,就停下来解决,然后再接着工作,再停下来。

"好一个连续流生产,"珍妮点头赞赏。

"重要的是我们发现了一个可以让员工看见工作进展的工具,它驱使我们把工作做得更好。当我们解决问题时,发现很多问题来自其他部门,比如需要的零部件没有准时送到,设备维修没有按时执行。我们在那种情况下工作已经好多年了。"

"然后呢?你怎么做?"

"安迪告诉我去寻找问题的根源。"

"要你去解决其他部门的问题?"

"是啊!他要我去找出问题,了解问题,他会支持我。安迪同时告诉我说,

团队合作就是要求团队中每个人都清楚个人的职责。"

"什么？"

"我刚开始也不明白那是什么意思。安迪建议我一个一个问题地来；先决定了问题，然后去找负责的同事，组织一个问题解决小组。比如说，去和运输部门或维修部门打交道，一起来解决影响生产线上出现的问题。"

"结果如何呢？"

"我可以告诉你，这可不像在公园里散步那么简单，"史蒂夫笑道，"我只是生产部门的一个小经理，对方都告诉我管好自己的事。我试着去安排一些会议，但是没有人来出席。后来，安迪对他们发火了，从那之后，情况就有所好转；同时安迪也帮助我去学习如何和其他部门领导沟通。过去这一年里变化很大，是非常有趣的一年。"说完，他又爽朗地笑了起来。

珍妮边点头同意，边暗暗感到佩服。她注意到伦恩厂长只是静静地站在一边，没有插一句话。她不由得想起安迪曾经说过，工厂里还有许多员工需要改变。

珍妮觉得很有收获，她过去曾听过"一起观察，一起学习，一起行动"，但直到今天，她才意识到**可视化管理的目的是支持团队合作**。她在工厂里看到安迪建立的可视化工作环境，让员工在一起工作，训练大家去观察异常状态，打下良好的解决问题的基础。安迪帮助员工在现场找出问题，但在各自提出对策之前，先就问题达成共识，然后再一起想办法去解决。如果是一个复杂的问题，安迪会邀请总部的专家来帮忙。

"这些可视化管理板让我留下深刻的印象，"珍妮说道，"我能看到安迪的确在工厂里下了很大的功夫。"

"他每次到工厂来做的几件事，"这位生产经理接着回应道，"包括检查可视化管理，了解遇到些什么问题，以及想解决哪些问题。然后，关心解决问题的对策，如果遇到困难，他会想办法找专家来帮忙。"

"不要忘了，还有个人职责，"伦恩厂长补充道，"刚开始的时候，我们并不理解'团队合作'的含义，以为'团队合作'中没有'个人'，因此和个人无关。但安迪却告诉我们，团队里每个参与者都有责任，与其他同事一起合作去解决问题，每个人必须完成分内的责任，而不仅仅是参与。这与我们之前的理解不同。既然你对这个题目感兴趣，我再带你参观下一个项目。"

"史蒂夫对精益的激情让我印象深刻，"珍妮边沿着楼梯，走向楼上的工程部门，边告诉厂长。

"这可以说是一个奇迹。史蒂夫以前是我们厂里比较消极的一位管理者，曾经让我很头痛。"

"这其中变化是怎么回事？"

"史蒂夫对解决问题很有一套，安迪很器重他，他也很尊重这位大老板。虽然他在厂里没有太多朋友，但凡是史蒂夫提出的要求，安迪都会照单全收。这家伙快退休了，他大半辈子都在这里工作，当我们知道工厂被并购时，都以为新业主会像其他老板一样，把工厂关闭，但是他们并没有这样做。因此那些老人，比如史蒂夫，工作得特别卖力。"

"嗯，他们的努力有回报吗？"

伦恩停顿了一下。

"如果我们能把史蒂夫组装区的管理方式推广到其他部门，个人的回报一定会更好。他之所以在组装区成功，因为他对那个区域的工作了如指掌。而这个工厂的核心是冲压区，坦白说，我也没有把握去管理那个部门，因为员工习惯于被告知做这个做那个；用这个方法，那个方法，所以独立思考的能力不强。但是安迪很自信地认为，只要坚持作员工培训和举办**改善研习会**（Kaizen Workshop），情况会慢慢改变的。这一点我不如安迪那么有信心。"

"改善研习会?" 珍妮问道, "你曾经提过, 但我不太了解。"

"噢, 你知道, 改善就是小幅度的改进," 伦恩厂长回答说, "所以员工们认为做了小改进, 就算完成了'改善'; 但在安迪和菲尔的眼里, '改善'的意义是自主的改善, 比如那些 20 世纪 80 年代倡导的员工建议或**质量圈**, 鼓励员工自发地一起解决问题。"

"我听过这些方法, 但据我所知, 很多任务厂实施后进行得并不成功," 珍妮回忆道。

"我也这么认为," 伦恩回答, "但老板们很坚持, 我只好照着做。他们为了带动改善氛围, 举办了许多改善研习会, 边培训, 边进行改善活动。主要的用意是希望管理层能以身作则, 亲自参与, 和团队成员一起改善一个流程, 或者解决一个问题。研习会可能延续 2 ~ 3 天, 如果比较复杂的问题, 甚至一周。"

"你们怎么订范围呢?"

"视情况而定, 一般说来, 按照以下几个步骤:

1. 选择一个改善项目, 这可不简单, 因为安迪要求大家能从项目中学习到点什么;

2. 指派一位小组长, 并且组织一个团队, 成员最好来自不同的部门, 这样可以顾得更全面;

3. 分解问题的主要因素, 要求每一个成员专注一个要因的追踪和解决;

4. 到现场去蹲点观察; 我了解菲尔与安迪最关注的是观察和讨论;

5. 小组长收集大家观察到的问题, 然后挑战大家去改善;

6. 小组长和每个成员见面, 讨论各自的观察与改善试验, 最后大家一起来讨论。

7. 小组长将结果粘贴在白板上, 征求大家的意见, 希望能有更好的改善建议。然后追踪试验的进展, 并且稳定改善后的状况。"

"你说的是：立即付诸行动。"

"是的。因为改善就在现场，风险没有什么了不起的大，也不需要太大投资，但行动很迅速。我们从改善行动中学习到很多；但是根据安迪的说法，工厂里有数不完的改善机会。"

"我非常了解你的处境，"珍妮安慰他。

他们走进一间会议室，墙上贴满了各式各样的图标。

"噢，这就是我常常被拷问的**记分板**，"伦恩介绍说。

"这些是改善项目？"她问道，觉得这里与她在南角设立的战略室有点相像。

"安迪是制造工程师出身，因此他制定了一个不成文的规矩，工厂每次只准增加一个新产品，这让我们的负担减轻了许多。这里就是我们计划中的所有制造项目，管理人员定期会面，讨论进展情况。"

"团队合作？"

"当我们不各执己见，争执不休的时候，可以说是团队合作。这是我要向你展示的白板。"厂长指向一块大白板，上面分成了三大项：新项目、进行中的项目、结束的项目。几张便签纸贴在进行中那栏，结束项目栏里也有几张。

"安迪要求我每两周出一个跨职能部门来一起解决的问题，包括销售、工程、制造、采购等部门。目的是把当前工作中遇到的困难，粘贴在板上，大家一起寻找解决方案。"

"每两周解决一个问题？"

"原先要求每周一次，但一个月两次已经让我们应付得很吃力了。"

"我不知道我的理解是否正确，你们计划每两周要解决一个跨职能部门的问题，由你负责协调？"

"不是我个人负责，我会从管理团队里挑选一位领导来负责，大家轮流；这也是培训的一部分。这块板可以用来追踪进度，如你所见，大部分问题还卡在进行中那一栏目里。"

"你之前提到过个人职责，你的意思是一个问题由一个人负责解决？"

"你必须与其他同仁一起去解决问题，这是菲尔和安迪订下的要求，也是团队合作的意义所在。但我花了一年时间才开始理解，**团队合作其实是一个提高个人解决问题能力的方法**。"

"这听起来有点玄，"她不明白其中的含义。

"他们不认为'团队学习'是个有效的方式，但强调'个人学习'，目的是培养员工如何与其他同事合作，"他继续解释说，"所以，当某个人被指派去解决一个问题时，必须与其他同事一起解决，不允许单独行事。"

"如果问题解决不了，怎么办？"

"欢迎到我的世界来，我天天为这个问题苦恼，"伦恩回答，"以前每个人各自完成分内的工作，大家相安无事。但现在大家被要求在一起工作，就不那么单纯了。我的主要工作是把发生的问题记录在白板上，帮助哪些遇到困难的班组向前进。你可以看到，我做得并不好，但比起刚开始时还是有些进步的。"

"最终目标是全体员工像一个大团队一样，一起解决公司的共同问题，对不对？"

"这正是他俩的意思。他们经常用划船来做比喻，一条船的两边各有四个队员，如果不齐心合作，船只会原地打转。如果有一位队员比其他人划得用力，会使得船无法向正前方行驶，因此，每个队员都要学会如何在同一时间，用相等的力度去划桨。他们相信团队合作不仅是成功的关键，更是一项需要培养的技能；我很难去反驳这个逻辑，只是执行起来并不容易！"

"或许可以用一个管弦乐团来做比喻？"

"是的，也可以用一个球队的例子。首先要学习如何沟通，然后学习互信。那些尊重的理论就是要求我们努力地去理解对方的观点，由于不断地练习，大家慢慢地理解了这个道理，但一些旧习惯还是很难改掉。按安迪的说法，这块白板的目的就是帮助大家去学习。"

"谢谢你与我分享，"珍妮若有所悟地说道，"我会好好地消化你今天教我的这些。"

"不用客气，这是安迪的安排，他特别要求我向你解释这块白板，希望能对你有帮助。"

"安迪知道我们掉在泥沼里，想帮我的忙哈，"珍妮笑着回答。

"珍妮，"她助手通过无线电联系到她，"班布里奇先生在线上，你要接听他的电话吗？"

她深深地吸了一口气。里诺尔·班布里奇是南角软件的主要投资人，他是一家私募公司的合伙人。一位金融投资家，非常有礼貌，但却像蛇一样地滑溜。

"请把他的电话接过来，谢谢。"

"里诺尔，"珍妮尽可能以高兴的声调说道，"很高兴听到你的声音，我能为你做什么吗？"

"没什么特别的事，就是想和你聊一下。"

"有什么事吗？"

"有件小事，你们最近的公司财务预测让我有点担心，利润率看上去不太理想，对吗？"

"我们已经注意到这点了，正在努力改进中。"

"但更令我担心的是，你们最近失去了一个大合同，对吗？"

"失去合同？没有啊！"她问道。

"你们有没有失去 MRX 公司的合同？"

"噢，据我所知，我们"珍妮回答，"MRX 的合同是快要到期了，我们正在商讨续约的条件。对方并没作最后决定，可能一两周内会有消息。"

"对不起，那一定是我把日期搞错了，非常抱歉。"

"没有关系，你如果听到什么消息，也请让我知道。"

"当然，我会的，很高兴与你交谈。"

"我也一样，里诺尔。"

"你能就如何提高你们的利润率，给我一份报告吗？"

"好的，我整理完，会送给你。"

"那真是太好了。"

"晚安，里诺尔，下次再聊。"

到底发生了些什么事？珍妮不禁担心起来，到底 MRX 那边发生了什么事，这个吸血鬼竟然比我先知道情况。对一个企业 CEO 来说，最坏的事莫过于周围的人比你先知道企业里发生的事。她一边用力思索，一边试着平静下来。安迪警告过她，在公司好转之前，有些事情可能会变得更糟。难道被他说中了？

MRX 的项目确实是一团乱，原先的项目经理西蒙·邦塞尔跳槽了，加入到客户公司 MRX 去工作，他的理由是他在客户方可以把工作做得更好。让人气愤的是，他还把年轻的莱恩·考克斯也带了过去，她从不觉得这两个人走得很近，工作上很合得来。

珍妮和 MRX 公司 IT 部门的主管通过电话，对于西蒙加入 MRX 表示理解，也赞同 MRX 在公司内部成立一个执行电脑系统升级的小团队。她很清楚，尽管西蒙和莱恩聪明能干，但仅两个人的资源绝对不够，因此，说服了对方继续维持南角当前的合同，等项目小组进行一段时间之后，双方再一起来回顾进展情况，讨论下一步行动计划。

对方 IT 主管在电话上很客气，没有留下会立即终止合约的迹象，但谁知道呢？现在她想知道的是，为什么这么快里诺尔就听到这消息，她心里不由得嘀咕，会不会是罗勃·泰勒在背后搞的鬼？但是，今天烦心的事已经够多了。

当她回到家时，一楼的窗户灯还亮着，看起来，大女儿莎拉在她的房间里。

"你好，甜心，"她一边温柔地叫着，一边走进女儿的房间，给她一个吻。她女儿趴在电脑面前，脸被屏幕照亮着，似乎在写文章或在上脸面网站，"你今天怎么又回家了？"

"你好，妈妈，"莎拉回答，但并没有回头看她。

"你知道我对你晚上开车回家，有点担心，"珍妮在女儿的床边坐了下来，"这段车程距离可不短。"

"我没问题的。"

"宿舍发生了什么事吗？你和你室友不是相处得挺好的吗？"

"我们是处得很好。"

一阵沉默，像一堵墙隔在她们母女中间。珍妮有点伤感，好像从未感觉到她和女儿之间竟然这么陌生。

"你想聊聊吗？"她终于发问。

她的女儿嘟噜一些话。

"你在嘟噜些什么？我没听到。"

"有什么用呢？你从来都很少认真地听我说话。"

珍妮强制忍住，保持冷静。

"好，这次我认真地听。我以为你喜欢你的室友乔伊。"

"她是一个好朋友，"莎拉轻声地回答。

"那问题在哪里呢？"

"有一个男生，"她女儿回答道。

"你喜欢他？"

"才不会呢！他很惹人烦。"

"嗯。"

"但是乔伊蛮喜欢他的。"

墙上的钟在嘀嗒地走着。

"所以有时他会留在你们宿舍过夜？"

她女儿耸了一下肩，眼睛盯着电脑屏幕。珍妮没有说什么，只是看着她女儿，发现莎拉变得越来越漂亮了。

"我知道，你会说这是我的问题，"莎拉终于说了，"我必须面对这件事，去和乔伊当面讲明白，但她是我的朋友啊！"

"噢，我的甜心，"珍妮回答。突然之间她感到自己好虚弱，好像房间里的电风扇就会把她给吹走。"我不会这么说的，这是你的家，你在这里永远会感到安全和温暖。你想什么时候回来，就什么时候回来，只是一路上开车要注意安全。"

"我会的，妈妈！"小女孩终于从椅子上站起来，靠近她，双手绕着她的脖子。

她回过身子，不禁想起安迪提到的，站在他人的立场，从他们的视角去看问题，真不容易啊！她又想起，问题第一。老天，为什么这套方法总是围绕着她。

人人参与改善

"很抱歉，我做不到。"麦克·温布利说道。

"是你做不到，还是不愿意做？"

"是做不到，珍妮。不是我不肯，而是我们员工的能力不够。"

"那你可以告诉我到底是怎么回事吗？"珍妮一边提出请求，一边招呼餐厅服务员可以点菜了。她的助理艾莉森，在过去几周里，成功地安排了她与麦克每周三共进午餐。罗勃曾来参加过一次，但气氛有点僵硬，之后就再也没有出现过，甚至不来时连招呼也不打一个。那天，他们三个人讨论公司现状，居然连解决哪些基本问题，都无法达成统一。罗勃对如何改进公司日常运作发表了很多意见，但却不同意销售是问题的一部分。珍妮对她和罗勃之间的关系想不出什么好招数，好在这个问题还不很紧急。

珍妮倒是很高兴再次与麦克密切合作，他具有独特的思维方式。她从麦克这里学到了未来计算机行业的走向，他认为软件最重要的是用户体验，而并不仅是一个聪明的工具。当她从一个程序工程师，摇身一变成为 CEO 的过程中，她曾经认为这个话题没有那么严重，但最近她经常拜访客户，并试着去了解顾客的思维，她逐渐改变了原来的想法，开始认同'用户体验'的重要性。

———⌒

"首先，"麦克说道，"我召集了一群对测试有兴趣的程序工程师，要求他们边写程序边测试。这样可以帮助他们知道到底做得如何。"

"他们有谁？"

"就是你称之为'Ｔ恤衫队'的那批小伙子，"他笑道，"克里斯·威廉森、泰瑞·鲍尔、夏洛特·哈帕等。他们都很年轻，依然梦想着有朝一日会像拉里（Larry）和谢尔盖（Sergei）一样成为谷歌创始人那类人物。"

她边点头边笑说："然后呢？"

"失败了，除了泰瑞态度上有问题，其余还不错。他们都尝试过，但都没有成功，最后他们放弃了。"

"为什么？"

"说实话，他们不够优秀，不知道如何去编写简单的测试程序。因此，当他们编写的程序无法通过测试时，就变得不耐烦，停止同步测试，把头埋在沙堆里，暗暗祈祷编写出来的程序没有问题。到后来，累计的问题终于还是爆发出来。"

"嗯，我最近也发现，在一般情况下，要求员工在问题发生时停下来，去解决问题，很不容易做到。这是思维上一个很大的转变。"珍妮分享她个人的经验。

"所以我改变了一个方法，我把夏洛特和丹妮拉调出来，成立了一个独立行动小组——"

"丹妮拉？那谁来测试奈普拉斯的程序？"

"嗒哒！"麦克笑道，"别忘了，我有绝对的决定权，你说过的。"他故意用法式口音提醒她。她点头，边提醒自己要多花些时间，去检查奈普拉斯项目的进度。

"我的想法是请夏洛特和丹妮拉安排出时间,教其他程序工程师如何编写自动测试程序。程序工程师们当然会报怨,但又不好意思当着我的面说不,是吧?"

"然后呢?"她急切地问道。

"我不仅发现他们编写测试程序不简单,同时也发现一般程序工程师的能力下降了,尤其是近几年新招进来的员工。我还发现,公司里好像不再使用我们以前开发的程序检测步骤,大伙唯一关心的是交付期,很少人去顾及其他要求。"

"所以,这些软件的问题导致程序经常需要修改,然后,再重新发布……"

"这是一部分原因。此外,销售部门和项目经理之间的沟通不足,也是非常明显的问题。"

"我同意,我会亲自抓沟通问题。但是我还真不知道该如何与罗勃交流,我不知道怎样去叫醒那些假装睡着的人。"

"我觉得没有意义再继续进行程序测试,因为必须先解决员工技术能力问题。否则,无法形成边写程序边测试的文化。"

"麦克,请你不要放弃,再试试吧。"珍妮请求道,"我了解你所说的技术能力问题,但我需要时间去思考对策。换个方式思考,如果你没有努力做这些工作,刚才这段谈话就不会发生。所以拜托坚持住,边写程序边测试对今后公司发展非常重要。"

麦克听了点点头,说道:"我也看到一些机会,等会回到办公室,我带你看样东西。"

回到南角,麦克带珍妮来到了大工作间,五位工程师正为一家银行的软件维护，以及一些新程序开发项目忙碌着。珍妮刚刚签订了这个项目的续约合同，她感到很欣慰。不仅因为这个项目对公司的现金流有很大的帮助，同时银行客户对这个小组的工作相当满意。这着实让她从前些时连续听到坏消息的状态中，获得一丝安慰。

她与组员们一一打招呼问好，不知道麦克要展示什么好东西给她看。麦克站在进门的边上，看上去像个骄傲的父亲。小组成员把各自的项目贴在墙上，就像安迪的白板一样。他们甚至还定了一个规矩，每天吃午饭前讨论一个小问题。项目经理是斯考特，年轻、安静，带着浓重的口音。你在街上可能不会太注意这样一个人，珍妮以前也觉得他有点呆呆的，但是斯考特和公司里每个人都相处很好，而且工作也很卖力。

珍妮发现自己近来开始改变对员工的评价方式，不再根据个人喜好的主观来评价，而以员工的技能以及能否为公司创造价值来衡量。她环顾四周，并没有发现什么特别的地方。"你想给我看什么？"她对在一旁微笑的麦克做了个手势。

"这就是他们开发的新玩意，"麦克开心地说道，指着一块连着米老鼠USB的平板屏幕，"伊万，请为我们介绍一下你们开发的程序？"

"其实，也没有什么特别的，"这个年轻人说道，边看着屏幕，"你曾要求我们，当遇到问题时，停下来，不要绕开它。我们和麦克讨论后，设计出一套程序。在这台电脑上编程，及时测试，当程序通不过时，USB上的灯就会闪灯。这时，每个人都停下手边的工作，一起来检查问题出在哪里，并且把它解决掉。"

"哇，太聪明了！"珍妮高兴地说，"听起来很棒。你们试过后的结论是什么？"

"噢，开发的过程苦极了。"伊万苦笑道。小组的其他成员也笑了起来。珍妮迫不及待地想知道，到底发生了什么事。

"刚开始的时候，一点也不好玩。警告灯经常闪亮，但没有一个人愿意停下来，都想尽快完成编程。这个系统一直在提醒我们程序中有错误，好像没完没了，我们的确从中学习了很多。你看，那只讨厌的 USB 又亮了。"

"他们发现了许多有意思的编程问题，"当组员们纷纷站起来，聚集到测试屏幕前检查问题时，麦克插话道，"一些是新程序发生的问题，但更多的是我们多年累积下来的老问题。我试着帮他们做一些测试，因为需要解决的问题太多了。"

"我们还在这里建立了一个小题库，"斯考特接着说，边向珍妮展示墙上的另一块白板。"把一些暂时解决不了的问题，记在这块白板上，等将来有时间，再回来解决这些问题。"

"你们需要什么协助来解决这些问题呢？"她问他。

"呃。我们需要一个对这套及时测试系统很有经验的人来指导。许多问题都串联在一起，我们担心改动一块，可能对整个系统造成其他影响。。"

"嗯，麦克，你还记得那个当初和我们一起开发系统的家伙吗？"她问道。脑子里记得那个人的模样，但叫不出名字。

"好像叫布莱恩什么的，"他回答道，"我记得他，你有什么想法？"

"我听说他做项目咨询师，也许我们应该请他来顾问一下。"

"他的费用可不便宜啊。"麦克有点犹豫。

"这由你决定，麦克。只要钱花得有价值，我不在意。"她笑着回答。这几天来，她每天都遇到头疼的问题，今天第一次让她感觉很爽。"伙计们，这实在太棒了，继续加油。"她鼓励组员们，"把你们需要的协助都列出来，然后发个邮件给我。今天我请大家吃比萨，干得好！"

～✑

珍妮在机场咖啡店的一张小桌子边找到安迪，他正两眼发直，盯着半空中想事，丝毫没有发现她已走到身边。安迪今天穿着出自名牌设计师设计的牛仔裤，合身的西装上衣，深灰色的背心和一件蓝白色的条纹衬衫。珍妮过去没有注意过安迪的衣着和品位，今天好好地看了看。但更有意思的是，安迪竟然穿着一双工厂里的安全鞋，不知道他怎么通过机场的安检。

这天早些时候，安迪打电话来，对他那天无法在工厂接待她致歉。因为珍妮非常想和他谈一下，就问有没有可能在机场见个面，因为南角公司就在机场旁边。正巧他的飞机因为天气不佳晚点了，所以她就赶到机场来。

"好帅的背心！"珍妮边打招呼，边坐下来。她没有遵守企业界一个不成文的规矩，身为一位女性主管，永远不在男性垄断的商业圈内，讨论有关他们服饰的话题。

"嗯，谢谢，"安迪很高兴地笑道，"我们在米兰有家工厂，每次在等飞机时，我都会在当地的机场挑一两件衣服。我妻子觉得我的眼光有进步了，"边说，边打了个大哈欠。

"你看上去有点累，工作太辛苦？"

"不是工作，"他边摇手边说，"是我们的小宝贝艾莎，8个月大了，但每天晚上至少吵醒我们一次，快把我们搞疯了。"

"这是你们第一个娃？"

"是第二个，她哥哥这个月刚满6岁。"

"坐飞机只有一件事让我感兴趣，"珍妮觉得安迪并没有想接着谈他的家庭，所以就换了个话题，"在飞行中很安静，没人来打扰。尤其在冬天，可以看到云层上的蓝天，感觉时间静止了。不知道你有没有同样的感受。"

"我同意，"他笑道，"但对我来说，我对安静的感受没有你这么深，因为我住在乡下的一个农场里，所以想要多安静，就有多安静。"

"是吗？"她惊讶地问道，"那你怎么工作呢，你不是经常要出差吗？"

"还好啦，"他又打了一个哈欠，"我主管欧洲业务，不像菲尔，每天全球飞。目前亚洲业务火红得很，他得经常过去。我的农场距离机场大约1.5小时车程，我尽量把每周开始或结束的那一天安排在公司，其余时间出差。春天快来了，没有冬天的风雪，已经好很多了。我的工作有一个好处，我不需要管理工厂的日常运转，只要定期去看看，或者在他们遇到困难的时候去支援。所以，我可以自由支配自己的时间。同时，菲尔减少了许多像其他大公司要求的定期汇报与计划，以及其他烦琐要求，让我可以按着自己的日程安排工作。工厂里发生的许多事非常有趣，就像菲尔说的，有一天当我们对工厂的事不再有兴趣时，那就是该出让公司的时候了，"他笑着说道。

又是菲尔，她一定要会一会这位老兄，看看他到底是个什么模样。

"你最近如何？"安迪边问，边瞄了一眼机场的航班时刻表。

"古怪的事特多。"

"怎么会这样？"他好奇地问道。

"好的方面，南角的业务有起色，销售额增加了，续签了几个大合同，让我可以松口气。但另一方面，公司的管理没有上轨道。我严格要求每个项目经理去聆听客户的反应，并且按时填写个人负责的可视化板，所以没有人喜欢我这个老板。好在我们比以前更清楚客户不满意的事项，以及还没有解决的问题。"

"这不是挺好的吗，有什么搞不定的呢？"

"我感到不解的是，原以为会丢失两个大客户，但他们最近又和我们续约了。他们明知道我们并没有办法提供具体的解决方案，但他们竟然还愿意和我们继续合作。同时，目前公司的运营基本上可以达成年初的预算计划，没有赤字，而且利润率有所增长，我不知道原因在哪里。但另一方面，我觉得公司从来没有像现在这么混乱，每天有不同的新问题发生，每个人都很努力地去追踪原因，但又看不到多大进展。我不知道这个团队的活力还能维持多久。"

"这就好比两个人一起逃避一头狮子的例子，"安迪笑着说道，"一个人停下来把跑鞋穿上，另一个跑在前面的说：'你为什么停下来，疯了吗？'穿着跑鞋的回答说：'我不用跑得比狮子快，只要跑得比你快就行了。'这就是你的顾客面临的状况，其他公司不见得比你们好多少，而你们起码对客户表现了'尊重'，所以就和你们公司续约了，没有什么好奇怪的。"

"但是我们并没有解决问题。"

"做生意两件事最重要，结果和关系。" 安迪分享道，"你已经在顾客关系这方面取得了成绩，所以我相信你已经把公司带上了正确的方向。领导力的最大体现在于你个人的行为，虽然现在还不能预测这个策略是否成功，但起码你已经帮助客户解决了一些你之前不知道的问题。同样在公司利润方面，只要员工认识到生产过程中的浪费，他们就会尽量避免错误，并且把浪费从流程中消除。要想测量因避免错误而导致的成本与利润，不是件容易的事，但据我的经验，结果非常可观，并且越早在项目初期把握好定义，成本节约就越大。你目前正在提高公司利润，但在财务报表上暂时不一定看到。"

"谢谢你对我的信心，"珍妮说道。听到安迪对她领导力的肯定，让她非常开心。"你说的我都听到了，并且记住了，但的确还没有看到显著的结果。"

安迪抓了一张餐巾纸，拿出一支笔，一端是圆珠笔头，一端是软顶，用在触摸屏上的。珍妮心里猜想，这一定是某次电脑会议上，某家供应商赠送的纪念品。安迪在纸上写下：

- 保护员工
- 保护顾客
- 控制产品交付时间
- 减少产品交付时间
- 你的成本自然就会减少

他边写边解释道："当我和更多的公司发展合作伙伴的关系，并介绍'领导软实力'的过程中，累积了一些经验，也是我启动项目的基本思路。过去 3 年中我们的业务成长很快，因此有很多锻炼的机会。领导力就是要求公司的老总们，重新思考做事的方法，以以上 5 点作为基本准则。'领导软实力'就是去聆听员工的想法，创建一个他们希望看到的互动合作关系。一般企业领导人接受的训练都是，以达成每个季度的利润和每月的财报数据为第一要务，所以当我们谈到教育员工让问题可视化，团队合作解决问题等，对他们来说是一个完全陌生的概念。我们面临的挑战就是如何改变这个状况。"

"我可以理解保护顾客这一点，"珍妮同意道，拿出她的 iPad 记录下纸巾上所写的文字。"我也相信南角正在努力地去保护员工，并且尽量减少因为错误给客户造成的不便。但是控制产品交付时间是什么概念？"

"那就是确保你的项目按时完成，减少不确定性。"

"难道我们不应该把缩短产品交付时间作为首要目标吗？我和其他领导们曾讨论这个话题，他们认为如果加强严格执行工作流程，重组项目管理，就可以加快工作，提早交付时间……你在笑什么？"

"没什么，没什么，"安迪笑道，"这是一个很容易犯的错误，我也走过类似的弯路，付了不少学费。的确，我们从丰田公司学习'如何尊重对方'的管理模式，多年来，大家都发现丰田的流程很有效率，而且产品交付时间比竞争者短。他们几天之内就可以把原料制作成零部件，然后组装成汽车、交付给客户；而别的公司却要花几周，甚至几个月的时间。"

"是的，我以前也读过类似的报道，"她点头。

"因此，很多人认为必须复制丰田模式，并且下了很大的功夫去实践。他们向丰田学习如何运作工厂，把学到的方法带回自己的工厂里，结果——"他戏剧化地抬起眼睛。

"结果怎么样呢？"

'没有效果，或者效果很小；有人在短期内减少了成本，但却无法长久持续。

因为他们仅从表面上复制了丰田模式，并没有从本质上改变不稳定的工作状态。许多生产流程中有不稳定性，比如生产不合格的产品，以及机器故障等问题等，正如你在斯温顿工厂看到的，都被多余的库存掩盖住了。如果你只重新安排生产步骤，希望减少在制品库存，但却不去改进生产能力，那你只是表面上重新组合一些有问题的流程，反而会造成更大的问题。所以你不得不重回以前的状态，增加库存，而这反而增长了产品交付时间。"

"嗯……"

"看那边，"安迪指着对面一个买书报的小店里，收银机前排着一条长队伍。一个表情着急的收银员，正在应付一位难缠的顾客，"你可以从中看出那些浪费吗？"

"浪费，嗯，"珍妮回答，"很明显地，旁边还有一个柜台，但是关着。在那边整理货架的那位小姑娘应该过来帮忙，打开第二个柜台，服务顾客，对吗？"

"如果是你，你会怎么做？"

"我会建立一个像在超市里运作的流程，看到顾客排队时，立即有员工自动停止手边其他工作，过来增开一个收银台。"

"正是我刚才所讲的，"安迪笑着说，"你重新设计了流程。你看到这个情况，去分析问题，并使用一个你知道的方法去改进，那然后呢？"

"我会训练这两个员工按照流程工作。"

"很好。"安迪又用他那套不讨人喜欢，猫捉老鼠游戏的语调回应道，"难道你不认为他们可能已经有了这样的流程吗？"

"但那两个女孩或许不知道如何用这个流程，"珍妮回答道。

"或许她们不认为这件事很重要，或者有其他因素。"安迪接着说道，"这就是重点，不是流程的问题，而是不具备处理问题的能力。面前的这个例子，可能只有一个员工被训练过如何操作收银机，另一个员工根本不会。因此，即使我们设计了一套很好的流程，但却没有教导员工如何去应付不同的情况，问题可能会变得更糟糕。

"我了解你的意思，你指出我没有看到'领导软实力'的重点。"珍妮一面思索，一边说，"我只关注了那些明显的浪费和解决方法，把我知道的方法应用上，却没有去想收银员是否察觉到问题，并且是否知道如何去应付情况。我需要站在员工的立场，从他们的角度去看事情。老天爷！这是个很容易掉入的陷阱啊！"

"同样的情况在我身上发生过很多次。"安迪同意道，"我们总会一看到问题，就想解决方法，这并没有错。但是问题在于，个人的直觉往往阻止他去发现真正的问题是什么，以及当事人的想法。'领导软实力'需要很多的练习，因为难在愿意去聆听他人的意见，以及在辅导与支持之间取得一个平衡点。有一件事我可以肯定，那就是如果你在没有提高员工能力的前提下，去'改善'流程，那你只会造出更多问题。"

珍妮闭上眼睛，仔细想了想，觉得这话言之有理。

安迪接着说："因为没有妥善处理流程中的变数与异常现象，往往浪费了金钱与时间去改造流程，在纸面上看起来降低了成本，但却没有实际上的结果。"

"听起来我好像本末倒置了？"珍妮问道。

"完全正确。"安迪同意道，"我们习惯于把流程看作是一系列的步骤，包括生产、设备、开发等。认为只要流程定义得很完整，那么员工的工作只需要简单地跟随流程，即使一个笨蛋也可以做到。如果没有达成目标，只需要修改流程。所以，缩短交付时间应该是合理的答案。"

"但是……"

"但事实是，要想跟上这些高效的流程，并不简单，很少员工有能力去对应各种发生的情况。我不是说流程不重要，即使一个能干的员工，也无法让一个破损不堪的流程运作起来。因此，重点是把流程和员工紧密地联系在一起，为了能够高效运作，我们既需要优秀的员工，也要有高效的流程。"

"你的意思是：**业绩 = 最好的员工 + 最好的流程？**"她回应道。

"是的。"他十分自然地笑了起来，"又一个公式。我有一个装配的实例，一位工程部的同事在丰田供应商那里，看到一个零部件由机床制造出来，然后人工插入另一个零部件，两个步骤连接得很好。因此，他回到自己的工厂，也采取同样的流程。但是没有注意到，现行的冲压流程并不完善，冲压后，有些零件还需要人工去毛刺，而且机床也不稳定。换句话说，当前的流程需要比单件流更多的时间，去完成安插零件的步骤。实施后的结果是，机床四周地上，传送带底下，到处堆满了待修毛刺的零件，现场凌乱不堪。这个故事告诉我们，要想实施单件流必须先训练员工安插零件的技能，提高冲压模具的精准性，以及设备的稳定性，这样才能确保机床和安插的过程之间没有在制品的堆积。同时，两个过程之间需要存放一些缓冲库存，以备不时之需。这就是我们在精益实践里谈到的，能流动的时候流动，不能流动的时候就拉动。因此，不能只学皮毛，而要掌握实际状况去应变。"

"我们公司好像也存有同样的问题，"珍妮承认道，"只关注流程的交付时间，而忽略了员工是不是具备需要的技能。"

"以你们公司的情况，必须先掌握流程的交付时间，力求每个步骤的周期时间稳定，然后才去考虑优化流程，缩短周期的行动计划，最后才谈到改变程序的控制逻辑。

"等一下。"珍妮思索着，"你刚刚说过，流程交付时间的不稳定，反映了员工在技能方面的不足？"

"正是。不稳定是因为某个步骤上，有员工犯了错误，或者做了一个不正确的决定。大部分情况下，这些员工甚至没有意识到，个人做出的决定是错误的。"

"这就是为什么你把'错误可视化'看得那么重要……"

"有一点要记住，去观察并找出错误的目的不是惩罚某个人，而是去理解目前系统为什么会出错。**因此，领导者必须持有员工无罪的观念！**"他边说边做了个手势，来加强语气。

"如果是有人把项目搞砸了怎么办？这一定曾发生过，对吧？"

"当然，常常发生。"

"犯错的员工不会被责罚吗？"

"员工无罪！"

"如果是由于他们的懒惰和——"

"员工无罪！"

"或者他们故意犯错——"

"员工无罪！"

"请你解释清楚，为什么这么说。"

"过去大家把员工犯错看得很严重，而'领导软实力'的理念却强调员工无罪，就这么简单。"

"即使员工真的搞砸的情况下？"珍妮怀疑地问道。

"一旦责罚员工，会出现一个问题。"安迪说，"首先，一个精益企业需要创造一个员工愿意暴露问题的工作环境。如果员工知道犯了错误会被责罚，一定不会把错误说出来。另外，有时搞砸并不一定是件坏事。"

"我不明白。"

"我们不是鼓励员工们去解决问题，并且尝试不同的解决方法吗？这些尝试不一定一次就能成功；事实上，一次成功的机会很小。**所以需要创造一个允许失败的工作环境，员工犯了错误都是'无罪'的。**"

"失败怎么能被接受呢？"珍妮继续提出她的问题。

"失败也有不同。譬如说好的失败：尝试一些方法后，发现并不如预期的那般；也有一些坏的失败：做了一些完全没有意义的事情。问题在于，我们一般事前很难区别失败的好与坏，如果惩罚那些坏的失败，很有可能消灭了创新的意识。所以，我们问'为什么'？而不去追问'谁'干的。"

"这个观点我还需要时间思考。"她低语道。

"这是一个——"

"练习，我懂得这个道理。我需要练习不去怪罪员工，高挂'无罪'牌。"

"我们都需要，习惯性地责怪他人是人的天性，很难克服。"

"如果公司业绩不是被流程，而是被员工的竞争力所影响，而员工又无罪的话——那我们管理层还剩下什么？"

"你准备好听这个答案了吗？"他故意拉低嗓音回答道。

"你有答案？"

"当然有，不过我想知道，你是否准备好接球了呢？"

"当然。所以答案是什么？"

"你不会喜欢这个答案，"他调皮地说，继续吊她的胃口。

"到底是什么？"她大声问道。

"万事皆在人！"

"就这样？"

"就这样，"他说，边摊开双手，"一切都操之在人，流程是每个人的做事方法。从'领导软实力'的角度来说，员工在制造产品或者提供服务的过程中，使用的机器和软件只是协助员工，而不是用来控制员工。因此，员工在流程中如果能想出更好的方法，将会生产出更好的产品。"

"南角创始人大卫·马瑞斯也说过同样的话！"珍妮惊呼道，"几乎一字不差。聪明的人能创造出优秀的软件。"

"那他很明智。英雄所见略同！"

"但接下来怎么做呢？"

"你已经回答了自己的问题，有效的流程加上优秀的员工，一定会创造出出色的业绩。换个说法，为了改善业绩，必须优化流程；为了优化流程，必须提高员工的竞争力和团队协作的能力。这就是'领导软实力'带来的卓越成效。"安迪兴奋地回答道，"如果员工有能力创造出优秀的流程，这是一个持久的竞争优势，其他竞争者将无法跟得上你。"

"竞争者之所以追不上，因为他们只想到优化流程，而没有同时开发员工的能力。"珍妮沉思后总结道，"我现在理解这个逻辑了。安迪，老实说我怀疑这对我有什么帮助。我过去几个月里，很努力地要求员工，把工作流程与结果用可视化的方式显现出来，把错误披露出来，但我不知道如何提高员工的技能。我该使用什么方法呢？"

"解决问题。"安迪回答道。

"解决问题？"珍妮不相信她听到的答案，重复一遍以求证实。

"我们首先要让员工理解，个人做出的决定可能为第三方造成很大的浪费。但我们每个人往往对他人引发的浪费十分敏感，却看不见自己为他人造成的浪费，因此个人能力就是要加强认识，个人可能为整个流程造成的浪费。"

"这又牵涉尊重了，对吧？努力地去理解个人对他人造成的浪费？"

"你说对了。"他在另外一张纸巾上画着，"如同对面店里的服务员，她并没有意识到当她在整理柜子的时候，会让顾客等得不耐烦，直接影响这家店的销售。因此，为了让员工具备工作的能力，必须要教他们以下几点：

（1）了解个人的工作细节，细到每一个步骤；

（2）有能力认清个人工作过程中可能造成的浪费；

（3）能精确地表达问题，并且找出根本原因；

（4）找出对策；

（5）学会与同事更好地合作。

安迪接着说："这样做了以后，员工能够强化个人技能，并且对工作有更深一层的认识。"珍妮认真地在她的平板电脑上记录下来："道理不难懂，但实践起来一定很不容易。"

"的确，但唯有在实践的过程中才能学习。"安迪点头说。

"我感觉这需要一辈子的时间。"

"对不起，没有其他捷径。"安迪微笑地说，"而且必须一直坚持，一旦停下来了，就如同橡皮筋一样，会回到起点。"

"这就是你的答案？"珍妮带着质疑地问道。

"当然还有更多的好东西。"安迪笑着回答。

珍妮说："好吧，看来你还有很多东西启发我。对了，你的航班延误是因为到站的飞机迟到了吗？"

"你提醒了我。"安迪气馁地回答，"希思罗机场平时在飞机延误上的表现，比罗伊思机场好，但是冬天的情况说不准。"

"我很高兴继续这个话题。"珍妮说，"除非你有其他的事要做。"

"这是一个很重要的话题。"他换了口气，"只要你有兴趣的话，我没问题。"

"我要去找点喝的饮料。"她边说边站了起来，"你想要喝点什么？"

"咖啡就好。"

"马上就回来。"她对自己笑了一下，因为她又打破了自己定下的规矩：不帮他人去倒咖啡。

珍妮走了以后，安迪检查了手机上的短信，低声抱怨着航班延误。但这一次，他并不觉得等候航班浪费时间，因为他利用这个机会，好好地思考如何解释清楚"领导软实力"的概念。这件事远比他想象的困难得多，适才和珍妮的对话逼着他理清自己的想法。这不由得让他想起自己与斯温顿工厂的伦恩·巴顿和其他领导们交流时的种种困难，他不知道是否应该花更多的时间，再向他们灌输这个概念。

安迪回想他或许应该在斯温顿工厂采取不同的策略，因为员工并没有正面反抗，明显地排斥他的做法，但也没有接受他的理念。结果是，他们做一些表面工作，完成他交代的任务，但很少去吸取其中的道理，最后形成一些假象的精益，令他十分无奈。

安迪觉得他和珍妮的交往是一种完全不同的考验，她有思考能力，在理解问题的同时，还能提出高难度的问题；更难得的是她并不畏惧去做试验。针对珍妮的情况，传授重于辅导；这与他在工厂的经验不同，在那里辅导重于传授。安迪在工厂里，要去鼓励员工尝试，去思考其他选择，在员工犯错时不去责怪他们，但又需要防范员工会闯下代价过高的错误等。

刚才与珍妮·德蕾妮的对话，让他从不同的角度去思考，斯温顿工厂的问题会不会就是他本人？是他没有找出一个有效与员工沟通的方式。虽然英国是他的老家，但很讽刺的是，他却没有把他用在法国、德国、波兰和意大利等地的管理方式，应用在老家的工厂里。

⟿

珍妮为他带过来一大杯热乎乎的咖啡，安迪双手捂住杯子取暖，喝了一口，继续之前的话题。"我们刚说到哪里了？哦，我们谈到员工与流程，"安迪继续说道，"为了达到业务目标，需要改善工作流程；为了改善工作流程，必须提高员工的能力。"

"没错，到这里我都能明白。"

"好，我的 CEO 和我一道开发了一个'**T 型员工能力发展模式**'，能够用可视化的方法测量实际的效果。我们需要从两方面来提升每个员工的能力：

首先，**员工自身工作的专业技能**；

再者，**员工与内外部顾客，一起解决问题的领导能力**。"

"我相信我的员工有能力把分内的工作做好，但是我却担心，工作 = 日常工作＋改善 这个公式里的改善部分。"

"就拿妮娜·米娅的例子来说,你见过她,她掌管斯温顿工厂的采购部门。"

"她是我们和奈普拉斯直接联络的对象。"

"我们收购斯温顿工厂后,一个急待解决的问题就是供应商的准时供货率。由于缺料的问题,造成流水线经常停产,或者重排生产计划。"

"这会造成流程的不稳定性。"

"流程不稳定当然有许多因素,但对斯温顿工厂而言,供应商不准时交付是最重要的原因。工厂里虽然有大量的库存,但总是需要的产品不够,不需要的有一大堆。对于妮娜来说,第一步就是认识到,缺料的主要原因是采购部门管理供应商的方法有问题。"

领导力:跟上下游的同事一起解决问题

专长:要对问题的基本面有较好的理解,并且懂得如何正确应对特殊情形

"要承认自己就是问题,"珍妮微笑地说。

"某种程度上,我们发现许多烦恼大都是自找的。"安迪笑着说,"因此,我要求妮娜把最近几个月里,最大几个供应商的订单找出来。她按照记录,发现我们有时一天订购4箱,另一天订40箱,诸如此类。后来,她将这些数据画成图表,将之与斯温顿工厂的生产计划相比较,这才发现后者相对平稳,很少变动。她终于醒悟了,导致供应商交付不平稳的,竟是采购部门的问题。供应商总是先提仓库里的存货,不够的话再去安排生产时间;因此,工厂有时候收到超过需要的量,有时候又不够。"安迪摇着头,苦笑地说,"没有一件事情是简单的。"

"这就是为什么你们要求南角写软件，来帮忙整理分析订货的数据？"珍妮问道。

"那是后来的事。但首先，妮娜必须接受事实，承认她误解了'**及时交付**'（Just-In-Time）的含义。过去，她认为无论她需要多少，什么时候需要，供应商都能立即送货，至于做不做得到，那是供应商的问题。其实'及时交付'的真谛在于缩短交付时间，她必须学会如何帮助供应商准时送货。"

"第一步就是要稳定下给供应商的订单，这样供应商才能稳定地生产和运输，减少不稳定的状况。采购员不只要追踪电子版的材料需求计划，也就是MRP；还必须学会如何徒手计算来均衡给供应商的订单。新目标是尽量减少让供应商收到措手不及的订单，帮助他们及时交付。"

"当妮娜接受了正确的'及时交付'的概念后，很快就进入状态。很短时间内，供应商的准时交付率就有所提高，大幅度地减少了工厂的混乱。为了达成目的，她必须掌握她不熟悉的 IT 系统，因此找你们来帮忙。"

"这就解释了为什么我们当初没有理解你们究竟需要什么。你并不指望一个系统升级，而是借着这个机会，培养员工的学习能力，对吗？"珍妮说到这，不自禁地想起，如果当初安迪一开始就把这些话说明白，一定对她很有帮助。

"那个时候的情况的确如此，但目前我也不确定问题演变成什么情形了。我相信需要改变当前 MRP 订购大批量的逻辑，设计一套软件系统来帮助采购部门，将订单的不稳定性可视化，帮助采购员有效地下订单给供应商。"

"我现在明白你的想法了，与其给员工一个完全自动的系统，不如提供他们一些软件去思考。这其实正是 IT 真正的价值所在，很多 IT 界的朋友需要重新思考这个课题。"她停顿了一会儿。"有趣的是，这个理念正是当初创建南角公司的原动力，为顾客创建在电脑上解决问题的软件系统。"

"嗯。发展员工能力是 T 形模式的纵坐标。妮娜和她的团队学习了一个以前没有经历过的专业技能，就是如何均衡供应商订单的挑战。结果他们改变了采购流程，使用你们开发的软件工具，帮助他们按照新流程执行任务。我之前在其他工厂经历过类似的情况，学了许多经验教训。如果这次我一开始就强行要求采购员使用新的流程，你想会发生什么情况？"

"采购员肯定会抵触。因为问题与解决方法都不是他们领悟出来的。"

"并且也不会理解我的用心与要求。我们很幸运，找到你的团队设计了这套聪明的软件，顺利地解决了斯温顿工厂订单均衡化的问题。而且你们的软件比其他工厂的实用，所以我们需要更深地挖掘问题，寻找对策，希望发展得很好，以期能在其他工厂里推广。"

"我没有想得这么深。"珍妮惊讶地承认道。

安迪抬头看了一眼航班时刻表，发现他的航班还没有确切时间，叹了口气说："看来还有一阵子要等，我们继续聊吧。"

"领导力是 T 模型的横坐标。"安迪继续道，"妮娜意识到她不可能单独完成这个指标，因为采购部和销售部以及生产计划部紧密结合。过去，她只需要跟从 MRP 系统的指示，根据存货填写订单，从来没有与下个工位的顾客打交道。现在她改用均衡方式下订单，并且加速采购的流程，必须了解生产计划，希望能为几个重要产品建立一套广告牌系统，实施拉动生产。当时生产计划部正忙于处理各种内外部的变化，没有人对这个项目感兴趣，因此妮娜就把这件事揽了下来。她和物流部门的提姆，以及生产计划部的一个年轻规划师一起合作，深入地去探讨如何把广告牌管理系统运作起来。因为她是工厂管理团队的一员，有权支配资源去完成这些任务。有了妮娜的支持，提姆从根本上被解放了，能够不受约束地去继续创造运输部门的奇迹。"

"这么做，增强了她个人的领导力。"

"非常正确。伦恩·巴顿，就是你在工厂见到的那位厂长，他对生产技术很在行，但对物流却懂得不多，所以自从 MRP 系统启动以来诸事不顺。现在，他们能够合作，就解决了我大半的问题！"

"又是团队合作的一个好例子，"珍妮称赞道，"而且是跨界合作。"

"'领导软实力'就是相互理解对方，努力地去建立互信，然后团队合作，支持个人发展，从而最大化提高团队的成果。因此，绩效只是一个结果，而不是输入。"

"这完全颠覆了我之前学的管理学，"一阵沉默后，珍妮笑道，"而且是一个由里到外的颠覆，是一个根本的改变。"

"这在我们公司行之有效，与同一行业的其他公司相比，我们的业务增长了一倍，利润也增长了一倍。"

"那为什么没有更多的人来学习和跟着做呢？"

安迪大笑起来。

"因为学习过程很难，我相信你已经发现了。"

"任何人都可以学吹口哨……"珍妮自言自语道。面对安迪的注视，她马上接话道："这让我想起了一支我很喜欢的歌曲，'每个人都可以学吹口哨。'是这样唱的……'我会跳探戈，我会读希腊文—— 简单；我有本事去杀掉一条巨龙—— 简单。那些困难的事，处理起来不难，倒是那些看起来简单的事，行动起来却很困难……'"哼唱了一段后，她停了下来，等着安迪接话。

安迪被逗乐了，接着说道："当今的管理方式教导我们，先去创立先进的流程，然后雇用有能力的人去执行。但是在'领导软实力'的哲学里，我们认为，管理层应该肩负起提高员工技能的责任，然后引导员工，运用个人的能力去设计适用的流程。这是一个根本的改变，极少的管理者愿意或者有能力去跨出这一步，即使知道可以受益 10 倍，但执行起来不容易，必须经过不断的练习才能奏效。

"而且要从企业的最高层领导开始，我已经开始接受这个理念了。"

"自我发展，身体力行，然后去引导别人。"安迪微笑着说，"通过改变自己，去改变员工的工作方式，然后一起去取得更大的成就。通过一系列的小改变，包括到现场去观察，提供清晰的方向，以及支持改善，将会引导出许多惊人的改变；倒过来，就行不通。"

———∽

"啊哈，我的飞机就要登机了，我最好去排队，我可不想在安检口被拦着，错过了航班。还有一件事，你找出了为什么电脑运作很慢的原因吗？"

"我没有，"她一脸坦白地说道，等安迪的眉头一皱，才微笑地回答，"但是泰瑞找出了问题点。他一步步检查所有的可能性，最后找出的答案让大家都感到意外。"

"你们发现了什么？"

"南角曾经有一家大银行客户，他们对银行的电脑安全系统非常谨慎。这当然可以理解，因此要求所有合作伙伴都采用他们的安保系统。但这个系统庞大，并且不断更新，这导致我们的电脑系统速度减慢，大家习以为常，没有想到这个问题！我们已经开始和银行客户商议，预备中止南角电脑系统与银行电脑系统的直接连接，改用不同的方式继续使用它的安全系统，以确保银行业务的安全。说到这个，感到汗颜的是，我们美其名是电脑专家，但是除了泰瑞外，没有一个人发现这个问题。"

"嘿，这小子真不错。但当初为什么会装上那套系统呢？"

"为什么——"珍妮不知道怎么回答，声音拖着很长，以至于让安迪发笑。

"好了，我得跑了。"安迪笑道，"珍妮，你做得很好，希望你能持续下去。听说你已经看到好结果，我很为你高兴。**从事精益改善就像是在做陶艺，必须一直转动模子，让表面摩擦得更光滑。请继续努力。**"

"不断地练习，对吧？"

"不断地练习。"他愉快地挥手道别。

学习的真谛

亲爱的珍妮:

　　我把我们公司使用的问题解决表格放在附件里,希望你鼓励你公司的员工,一次解决一个问题。我们还应该讨论一下,南角公司今后如何与奈普拉斯更进一步合作。

　　祝好!

安迪·沃德

"克里斯,请告诉我们有关这个表格。"麦克·温布利欢愉地说。

克里斯威廉森的 T 恤衫上印着"天才与傻子的区别在于天才有它的极限"。这个年轻人的目光不停地在麦克和珍妮之间来回扫着,一边低头看着手里的这张问题解决表格。"把自己放在他们的位置上,通过他们的眼睛来看问题。"珍妮不断提醒自己,想象自己是一个初级程序工程师,与 CEO 和技术总监面对面讨论,滋味一定不好过。

"这是一张问题解决表格,"克里斯无力地回答道。

"这是个好的开始,"麦克友善地说道,"我的问题是这张表格和之前展示板上的表格有什么不同？两个表格看上去很像。你花了很长时间在奈普拉斯的现场做项目，或许对如何使用这个表格有比较深入的了解。"

日期	问题	概述	原因	对策	PDCA 检查	状态
						⊕
						⊕
						⊕
						⊕
⊕识别问题		◑对策拟议中		◕对策获准		●问题已解决

"嗯，他们在任何地点都使用这个表格。安迪把展示板问题表格用来确认问题，而这个表格更像是一张解决问题的指南。"

"好的，请继续。"

克里斯轻抚他杂乱的胡子，思考着。

"安迪用展示板来训练员工的观察力和确认问题，并且提建议。每个区域经理必须每天讨论一次展示板上列出的问题；每个小组每天至少在展示板上写一条有关问题的描述、起因和应对行动，来发表他们的意见。每当安迪来观察时，他总是让大家感到很大压力：你是否亲自看到问题？这些经常发生吗？你还观察到什么其他的现象？具体点，这个问题在哪出现？你们确认过起因了吗？自己检查过了吗？你同意吗？你试过别的方法吗？他总是会征询员工们的建议，但从来不表示同意或者不同意，只是一直问为什么会这样想。"

"他经常这样做吗？"

"安迪每隔一周来一次。我因为只与采购部门合作，不知道他在其他部门怎么做。但每次不会花超过 5 ～ 10 分钟，只是简单地走进来，打个招呼，然后开始'拷问'。噢，对了，他会一直问员工如何让公司变得更好，但是不谈投资和增员。"克里斯窃笑道。

两位老板盯着看他。

"那份问题解决表格呢？"麦克继续追问。

"嗯，据我所知，展示板是用来学习如何正确地应对情况；而这张表格则更像是个人的反省，安迪称之为**深思的表格**。每个员工都有一个需要解决的问题，就像是家庭作业。有时问题已经解决了，不再紧急，但员工还是被要求去完成各项分析，以确认解决对策的有效性。"克里斯继续道，"任何一个问题解决之前，不允许开始下一个问题。另外一件奇怪的事是，老板们经常建议员工与其他员工一起解决问题，遵循基本的 PDCA 原则。"

"你说的是计划（Plan）、执行（Do）、检查（Check）、行动（Act）那个循环吗？"珍妮问道。

"是的，一种科学的解决问题方法。计划是什么？准备怎么做？检查结果了吗？根据学到的，将如何进行下一步行动？安迪一直用这些问题来'拷问'员工，这就是表格上写着的。"

"嗯。"

"但是，坦白说，这还不是员工最痛苦的事，"克里斯笑着说，"安迪还让他们做另一个练习。首先，他们必须从客户角度看问题，然后从自身角度看。第二步，他们会画一个理想的流程，标列出当前流程的问题在哪里，并且衡量这些问题造成的缺陷或不良影响有多大。更夸张的是，要求员工们去思考这些问题发生的原因，然后去验证这些原因是否正确。结构内容大概是这样的：

	原因	影响	确认方法	确认了吗（是/否）
1.				
2.				
3.				
4.				
5.				
6.				
7.				

"你不会相信这套验证方法对员工造成多大的痛苦。他们被要求在提出'为什么'之前，先去确认主要原因是什么。"

"他为什么要这么做？"珍妮好奇地问道。

"我参与了一次分析，"克里斯补充道，"试着去发现为什么生产部门记录的件数与库存的件数不一致。每个人都认为这是操作员的问题，因为他们应该在上货架时先扫描产品箱，但有时可能会忘记。当他们问'为什么？'时，安迪叫停，然后问这个原因是否被确认过。当时很尴尬，因为没人真正思考过这个问题。最后，他要求小组成员再回去观察，寻找潜在的原因。结果他们得到下列的原因：

- 操作员忘了扫描货箱；

- 需要扫描时，手持扫描器不在手边；

- 操作员的操作或扫描器本身造成瞄不准；

- 软件错误。"

"然后呢？"珍妮疑惑道。

"他们要求生产组长们在接下来几班里重复扫描，后来发现最大的原因是扫描器不灵光。很多时候必须扫描好几次才能完成扫描，而且没有一个清晰的标识显示扫描器是否正常。第二个经常发生的原因是扫描器经常不在手边，因为另外有一个零部件在进厂时需要扫描，虽然次数不很频繁，但往往把扫描器留在另一端。至于第三个原因是操作工忘记扫描，但发生的次数比第一和第二个原因小很多。"

"所以问'为什么'并不一定能解决问题？"珍妮问道，"必须先找出正确的问题。"

"太聪明了！"麦克激动地说道，边拍额头边大笑道，"我懂了！"

"你懂了什么？"珍妮疑惑地问道，很显然她并没有同样的感觉。

"这就是 PDCA 的美妙之处，"麦克笑道，"它的美妙之处是不靠直觉，不允许把脑子里蹦出来的想法做成一个答案。不然我们现在可能还停留在地球是平的，或者太阳是绕着地球转的时代。在这个科学方法的领域里，直觉只是一个起点，并不一定有价值，重要的是通过试验去观察和确认，不是吗？"

他们都迷惑地看着他，但他讲的话听上去有道理。

"但我们往往一步就想跳到结论，根据脑子里的第一个想法就开始行动。当这些行动没有效果时，再转用其他的想法，直到问题解决了，或者消失了。"

珍妮同意地点头。她记起来，麦克是位物理博士，后来才转行到电脑行业来。

"因此我们很难学到新知识，不是吗？"麦克又笑着说，"我们没有学到是因为每件事都纠结在一起，相互牵连，理不出头绪。然而，你的好朋友安迪却强迫员工，先去确认个人的直觉，然后才采取行动。我说得对吗，克里斯？"

"他确实要求员工这么做，"克里斯同意道。

"结果呢？"珍妮好奇地问道，"他们找出根本原因了吗？"

"没有，最后他们还没有完成所有测试，就取消了在生产单元里的扫描步骤。当操作员把箱子放到超市时，需要扫描箱子；然后运货员把这些箱子装上运输车时，再扫描一遍。他们认为现有的看板系统以及频繁的运送，加上超市里的库存量不多，根本不需要去追踪生产单元里的库存量。"

"我认为超市里的库存是计算在生产系统里的，然而装上运输车的时候，库存却转移到了物流系统。所以我反对这个决定，但是小组觉得减少一个没有价值的动作是值得的。他们淘汰了手持扫描枪，改用固定的扫描装置，来控制看板卡；我正在写一个程序，帮助他们管理看板卡的数目。"

"所以安迪是正确的。"

"他其实没有真的做些什么。"克里斯皱着眉头说，"他没有告诉员工停止扫描，只是追着员工去验证工作。"

"安迪从来不告诉员工正确答案，这是一个高招。相反的，他不断要求员工去思考。"麦克微笑着说，看起来他很受感动和启发。"他教导员工不要满足于脑海里的第一反应，要认真地把事情想清楚，然后仔细观察结果。当你可以消除一个步骤的时候，无需再去优化。这十分聪明！"

"所以我们也需要这样做？"珍妮好奇地问道。

"噢，当然！珍妮，我们必须这样做。"麦克堆满了笑容，"如果我们能持续这套方法，每个人都会很成功，但是程序工程师们偏偏都讨厌这套系统。"麦克笑着加了一句。

"不喜欢？"珍妮叹了口气。

"当然咯！就像测试一样，你不觉得吗？当你写完之后，马上测试程序时，就等于建了一个直接反馈环。一旦有问题，就会反过来咬你。在实践中，就意味着你不能把错误藏起来，而需要持续地去关注它。但我们发现这套方法能帮助员工，建立编程的正确行为模式：那就是在编程的过程中，脑中带着测试。"

"你说对了！"克里斯惊叹道，"这是安迪一直在做的一件事。每次员工想要做什么，他就会问是否已有一个对应的测试方法。没有人知道想做的事能不能成功，但如果没有一个有效的测试方法，连想都不用想这个点子。安迪总是这么说。"

"真是一针见血。自动测试也是同一个道理。"

"如果我理解正确的话，"珍妮带着困惑说，"我们不应该把责任完全推给员工，管理层需要在背后支持他们。"

"我想是的。"麦克同意道，"但是这样做的回报是巨大的。大卫一定会喜欢这个想法，你还记得吗，他曾经带着我们这样干过。"

珍妮点了点头，回想起那些深夜里，她和当时的老板不时在检查程序，讨论发生的情况，或者软件的逻辑。虽然她一直觉得大卫有时很执着，但她就是在那个环境里，才跟着学会了很多知识。

"大卫用的是他那套独特的方式。"麦克继续说道，"但他凡事都反对明显的答案，反对直觉，反对常识。这老头的行事方法与他人不同，但他教会了我们去思考。当前这套解决问题的方法值得我们学习。"

"好的，照你说的做。"她冷静地总结道。

"谢谢你，克里斯，"珍妮在会议解散的时候说，"安迪告诉我，他们对你所做的项目很满意。"克里斯回给了她一个感激的微笑，"很高兴知道客户这么肯定我的工作！我已经在收尾这个项目了，但是他们还没有告诉我新任务。"

"你觉得这个合同会继续吗？"她担心地问道。

"很难说，"克里斯分享了他的想法，"他们公司的系统还是一片混乱，所以可能还会持续几年，但他们并没有告诉我他们的期望是什么。我知道他们最近花很多时间，讨论有关供应商的项目。"

"供应商开发项目？"

"我不清楚其中细节，"他耸了耸肩，"你要我去打听一下吗？"

"不，不用了，"她回应道"继续把你的工作做好，让客户开心。如果听到什么新消息，再告诉我。我会直接问安迪有关供应商开发的事。谢谢你，克里斯，你做得很好。"

她在回办公桌的路上，脑子在不停地转动。无论她尝试了多少次，跟安迪讨论了多少回，奈普拉斯这个客户还是捉摸不定。南角公司会被排挤出来吗？南角的技术还有发挥空间吗？南角刚赢了一个竞标项目，当前员工工作保障不成问题。如果接到其他新业务，很快就会缺少人手，但那是一个正面挑战。

珍妮回想，这段时间里向安迪的学习，证明了奈普拉斯公司的经营方式与其他竞争者不同。她很庆幸，奈普拉斯的副总裁花了很大的精力，帮助她了解他们公司的期望。而奈普拉斯和南角的联系人却是一个程序工程师，不是销售人员，珍妮心想，她应该提醒一下安迪有关销售部门的反馈。

安迪在他从斯温顿去希思罗的途中，再次拜访南角公司，来帮助珍妮确认南角的可视化管理看板。珍妮试着告诉安迪进展的情况，但他的回应是先到现场去看，然后再来讨论。

"这是一个很好的开始，但你怎么知道这是一个正确的原因？"安迪问一位南角的项目经理，她犹豫地向珍妮求援。珍妮故意把视线转移开，暗中着急，因为她不知道安迪会把这个话题引向何处。

"你是说，IF 指令中，一个没有明确定义的变数造成程序的问题，对吧？"

"对……"

"这听起来像是个问题，而不是一个原因。"

"但是，程序中有错误因而造成问题，这是肯定的。"

"我认为问题是为什么这个变数没有明确的定义。"

"因为程序工程师忘了注明。"项目经理耸了耸肩说。

"不。员工无罪，记得吗？"安迪回答道，直直地盯着珍妮看。

"啊……"

"是什么引起了程序工程师犯错？"他问，这才让这位女经理从痛苦中解脱出来。"我知道定义变量是工作中的一个重要环节，所以问题是究竟发生了什么事，让那个员工卡住，甚至跳过了定义环节？这才是找出'原因'的重点。"

"你是说我们需要找出根本原因？"珍妮问，"但是我以为……"

"我们离根本原因还很远,"安迪打断她说,"这仅仅是探讨第一层原因的合理性。我们有一个基本假设,那就是程序工程师想把工作做好,所以,当他们没有做对的时候,一定有什么事情发生了,使得他们没有做好。这里的问题是:什么事使程序工程师忽略了这个变量?"

"这些变量的统称容易让人混淆。"项目经理回答说,"除非程序工程师能掌握所有变量,否则很容易跳过某个变量,以为已经定义了。"

"很好。"安迪笑了,"这是一个原因。程序工程师因为变量的统称而被搞混了,让他觉得这个变量已经被定义了,但事实上却没有。现在我们可以继续谈你的可视板——"

"如何命名变量?"项目经理若有所思地说道,"我们经常说要在命名方法上多花点心思,但从来没有去执行。"

"命名变量是南角公司的核心技术。"珍妮无奈地说,"但我们却没有仔细研究过。真是值得检讨!"

"有一件事情我一直想问你,"当他们走向另外一个可视板的途中,珍妮问道,"我不清楚这些可视板和你给我们的问题解决表格有什么区别。麦克温布利,我们的技术副总,对你的问题解决表格非常感兴趣,但是不知道如何有效地使用。"

"你慢慢就会知道的。"安迪耸了耸肩,"可视板的目的凸显出现场观察到的问题,确保相关人员能更快地反应。当我们路过的时候,可以瞄一眼看有没有问题,而且每个组是不是每天都在探讨一个问题。我们用这个可视板教导员工去发现问题,系统地阐述问题,并且立即采取行动,而不是只在问题边缘徘徊。"

"关注问题,立即行动。"珍妮同意道,"我懂了,那解决问题的表格是用来做什么？"

"两个不同的工具，各有不同的目的。可视板是用来展示问题，并且鼓励员工快速做出反应；问题解决表格更像是一个训练项目经理的工具，它让负责人严格地按照 PDCA 的方法去进行，某种程度来说，更多的是反省。比如在之前的例子里，你关注命名混淆的问题，指示项目经理更深一步地去了解问题，并且提出一个较好的命名方式。这个问题表面上好像被解决了，其实仅停留在第一层看似有理的原因上，离我们期待项目经理更深地去挖掘问题的根本原因，还有很大的距离。这些都是'领导软实力'的要求，每一位项目经理都要：

- 每天和小组成员仔细观察一个问题，讨论个人的观察，讨论采取的行动。
- 遵照 PDCA 的方法去探讨问题。"

"目的并不是去解决问题，而是去培养员工解决问题的能力。这是我们在奈普拉斯使用的方法，希望适用于南角公司。你可以试用这套方法，慢慢再揣摩出一个对你们最合适的方法。"

"说起对我们公司最有利的事，我想问你一个不相关的问题，听听你的意见。"珍妮在引领安迪到她办公室的途中问道，"我们有一个很有经验的程序工程师离职了。"

"哟，一位有经验的好员工？"

"是个资深的项目经理，很有经验，在南角工作了很长时间。我努力地劝说他留下来，甚至加了很多任务奖金。但他说他不喜欢目前公司的走向，更不喜欢我们把他当小孩看待。他也不愿意像对小孩一样对待他的下属。"

"呃，"安迪犹豫了一下，"这是一个独立事件，还是大流血？"

"并不严重，但是他带走了一个同事。这是过去几个月里发生的第二次。我没有料到又会发生，有点措手不及，原来对他还有其他规划。"

"嗯。让我了解一些其他的情况，公司的销售情况怎么样？"

"很好，其实，可能有点过好。我很小心地追踪顾客的交付周期，有很大的进步。但最近好像又有点延长了，但现在下结论还太早。"

"嗯。你仍然继续访问客户，以及在公司里做现场观察吗？"

"我可听话了，"珍妮轻笑了一下，"每周造访两个客户，并且我有一个程序审核的清单，有规律地检查每一个项目。我很高兴这样做，每天学到的心得很多。我也练习问'为什么'，并且让员工自己去做决定。这说起来容易，做起来可真费劲，但我还在继续努力。"

"我早就说过不容易，"他同意道，"有其他心得吗？"

"一切都进行得很顺利，我很感激你教我这些概念和方法。但是我对 T 型员工能力发展模式还有些纠结。我感觉我的同事对我有诸多不满，甚至怨气冲天，我该如何说服我的直接下属，把他们引入我想事情的逻辑中来？"

"不是所有人都有同样的想法。"安迪仔细思考后，回答道，"你必须尊重这一点。我们尝试 T 型员工能力发展模式的目的是提升员工技能。"

"这也是南角公司创立人的梦想，也是我想重新建立的品牌。"

"但不是每个人都这么想，很多人只想继续一份安稳的工作，并不想每天被推到风口浪尖上。追求卓越梦想的路途很坎坷，不是仅在边缘滑行就能获得。目前你面临的主要问题是，如何满足顾客，并且为公司创造利润。我们在奈普勒斯制作了一套理想目标。我可以用你的白板吗？"安迪问，指着她办公室墙上的一个大白板。

"尽管用，可以把板上的字擦掉。"

"我们的目标是，"他写道：

- 0 事故，0 职业病
- 100% 质量

- 100% 准时交付
- 100% 增加价值，单件流，按拉动生产
- 100% 员工培育（全员参与提建议）
- 100% 长期合伙关系
- 100% 产品每 4 年更新一代

"我们不可能一夜之间达成所有目标，很明显的是，有些人不愿意追寻力所不及的目标，有些人又不具备这些能力。"

"我明白了，不是每个人都有同样的想法，"珍妮觉悟道。

"我们是这样规划的，"他继续道，并画了一个二维图表，"**每件事都有两个基本要素：一个是结果，一个是努力**。结果就是要去追求目标，努力就是去实践，并且帮助其他团队成员也能深度思考。在奈普勒斯，有些领导经过努力，达成了目标，并且愿意去帮助其他成员；妮娜就是一个好例子，还有运输部的提姆。我们对此很感恩，希望其他还没有觉悟的同仁早日自我觉醒。"

	努力小	努力大
达到目标	?	明星员工
未达到目标	问题案例	?

"你会解雇那些没有觉悟的员工吗？"

"呃。我们不会这么做，因为这会伤害彼此的信任。大多数情况下，不同意的员工都是志愿离开。有时候，我们必须请一些人离职；大部分情况下，都维持现状，让他们留在职位上，但很多人都知道这些人脱离了公司的行为模式。当然，这种情况是在没有紧急压力下，我们尝试给员工一些时间去定位自己，并且自己做出选择。但是真正的挑战是在另外两个格子里。一种是那些有结果，但是不愿意学习和努力的领导——"

"就像我刚失去的那个项目经理。"珍妮接口道。

"没错。还有一些领导，十分努力，但是一直得不到结果。一开始时，你可能遇到一些不接受系统的'牛仔'。但随着时间推移，你会越来越多地遇到第二种人，那些做了功课，但是学习十分缓慢的员工，他们更难处理。"

"所以我应该让他们离职，你是这个意思吗？"

"不，"安迪马上回应，"我不是这个意思。如果你觉得领导很优秀，尽可能尝试留住他们。但如果真的有人要离开，也不用焦虑，并不代表世界末日；虽然不爽，但你会发现对公司造成的影响并不如想象的大。比方说，我们公司因为近年绩效很好，一些竞争者开始来挖墙脚，高价雇用一些中层经理。最初，我们很担心，但过了一段时间，挖人的速度慢了下来。有人告诉我说，那些为了高薪离开的员工，在新工作岗位并不开心，因为那里的工作环境没有给他们发挥能力的机会。结果是，员工离职带给我们一些头疼，但影响并不大。"

"你是在告诉我冷静处理，以平常心对待，是吗？"

"从另一个方向看，培养员工的一个目的是，帮助员工在事业上有所成就，有时候他们转移到其他公司，可能有更好的发展。菲尔和我每个季度做一次'员工考核'，我们会过一遍向我直接汇报的领导名单，并且提出下列的问题：这个人接下来应该如何发展？如果有位置空出来，应该提拔谁？比方说，目前在分部没有设采购经理的职位，所有的采购都由工厂自身处理，虽然不一定是件坏事，但这意味着我必须直接管控工厂的采购经理，也不理想。所以谁来担任这个职务呢？"

"妮娜？"珍妮脱口而出，马上意识到以她的身份，不应该谈论其他公司的人事问题。

"妮娜是一个很优秀的候选人，"安迪谨慎地说，但加了一句，"可是我还不确定她是否已经准备好了，或者她是否喜欢这个职位。同时，这个职位能否对她未来的事业发展有帮助，还是会让她陷入因无法跟其他工厂的采购经理们合作的危机。我可以告诉你，那些经理们都不好惹。而且如果她获得那份工作，谁又来接替她呢？"

"从外部招聘如何？"

"嗯，当然可以。但是那样的话，就相当于大赌一场。你知道吗，许多人在履历表上写得比实际优秀。之后，需要训练新人去适应我们的工作方式，一般来说，这个过程很花时间。"

"尤其是当你们公司的管理哲学与其他公司很不同时，我可以想象更难。"

"的确如此。我觉得，外聘或者内部提拔是我平日工作上很重要的决定，"安迪继续说，"但是没有人是不可以替代的，你总能找到一个人选，只是新团队不会像原来团队那样。因为我们曾经用心地听取员工的意见，并且采纳他们的建议，所以这些人对我们很重要，但天下没有不散的宴席，一旦船离开了海岸，决定权就留给船主了。好在我常到现场去观察，因此对员工也有一个比较全面的认识。"

"我注意到了。"珍妮同意道，"我发现自从去现场观察后，我对管理团队成员的观点有了很大的改变。"

"的确是，你今后还会继续改变。把重点放在那些对你最重要的人，他们的意见可以帮助你把公司带向一个共同的目标，同时也帮你理清战略思路。

"杰出的人格魅力……"珍妮喃喃道。

"什么？"

"对不起，我女儿让我读的 一篇文章，"杰出的人格魅力，"文中提到一个成功的企业有赖于领导人的性格。作者认为杰出的领导人具有下列几点性格：

- 杰出的人格魅力
- 强有力的领导能力
- 分享做事的方法与经验
- 拥有知识产权的技术

- 快速响应市场的应变能力

- 企业文化……"

"我有点惊讶，企业文化排名这么低。"珍妮提出她的意见。

"我倒不认为有什么不妥。我认为领导人的人格固然重要，但还特别看重三点：勇气、创造力和开放的胸襟。要勇于面对挑战，并且在十分困难的情况下继续坚持的勇气；从不同角度看待问题，并去创造新选择的创造力；以及能接纳别人的观点，并且愿意考虑的胸襟。至于其他的，即使他们来自其他星球，我也不在意。"

"这是不是就是意志力和执行力？但是勇气、创造力和开放的胸襟。"她沉思了一会儿，"这三项还真不容易一起拥有。"

"我也知道，"他叹了口气，"这就是为什么我在聘请人才和提拔领导的时候那么慎重，有些情况下我可能过于谨慎。无论如何，我情愿让职位空着，也不轻易把职位派给某人。我可以利用这段时间来观察领导们如何一起工作。"

$\backsim$

"我需要认真思考你的这些观点，"珍妮若有所思地说，"但这些并不能帮我解决目前的难题——如何带领现有的团队，并处理公司面临的挑战。我应该如何让我的团队保持高效工作，又能灵活地处理突发事件？我甚至不再确定如何去评估领导与员工，以及他们的薪酬。我曾经有过一套很清晰的系统，但现在我对人对事的看法改变了。"

"一个明确的公司目标是先决条件，"安迪坚持道，"员工需要知道他们为了什么在努力。我们努力去实现'领导软实力'，希望通过员工成长，来达成企业的目标。为了公司成功，必须达成目标，但途径是提升员工的技能，以及解决问题的能力。这就是'领导软实力'的基本理念：帮助员工使他们的能力得以充分展现出来。如果公司没有一个明确的目标，员工怎么知道他们在进步呢？经营者最难的挑战是怎么跟每一个员工分享企业的目标？"

"我同意，"珍妮点头道，"这就是我当前的纠结所在。我有如何把这家公司做得更好的想法，但是不知道怎么跟别人沟通，目前甚至我的直接下属也不一定能理解。"她指的是跟罗勃的紧张关系。

"你猜怎么着，"安迪笑着说，"我们有个方法来解决这个难题。"

"我洗耳恭听。"她笑着说。

"有三个步骤：

（1）把每一个员工都当作个体看待；

（2）练习'接球'的技术；

（3）告诉员工他们的工作进展。"

"首先，我们把每个员工都当作个体看待，"安迪解释说，"表面上听起来很简单，但其实不然。有人以为系统可以管控一切，但忘记了每位员工都是个体，具有独一无二的人格和处境。以我个人为例，我被我妻子经营的种马农场绑在法国乡下，该农场离我以前的工厂很近。我从来没有想过我在不需要搬迁的情况下，就能从厂长晋升到目前的职位。我很惊讶，菲尔竟然把整个欧洲工厂的管理工作交给了我，并且帮助我找出了一个两全的办法，让我能够在不改变生活环境的情况下，兼顾工作。重点是企业既要有规矩，同时又要尊重每位员工的特殊处境。我们所说的'领导软实力'，就是去认识员工，并且了解其个人的处境。"

"萝卜白菜各有所爱，不是吗？"

"这就是重点。我并不是说每个人能为所欲为，员工必须理解和遵守公司订立的规矩和程序。但是我们尽可能地去认识每一个员工，把他们当作个体看待，然后以个案去处理发生的问题。"

"你怎么可能认识每个为你工作的员工？"

"这是个极大的挑战。"安迪承认道，"但是现场考察很有用，经过时间的推移，我开始认识了大部分的员工。我们有一套特定的系统来帮助大家认识员工，但需要练习。"

"接下来，我们练习**接球**的概念。"

"接球？"

"这些年来，我琢磨出一个想法：**员工对工作的投入程度与个人的自主能力挂钩，所谓自主能力就是自我引导的意愿**。在菲尔成为奈普拉斯 CEO 之前，这家公司完全按照业绩发薪水，为了获得奖金，员工需要达成指标，因此大家竭尽所能地去争取。那个时候，奈普拉斯公司是一个非常政治化的地方，每个领导都像疯子一样推卸责任，偷偷摸摸地抢功，以期超越指标。明知这套方法不可能奏效，但是却没有人关心；菲尔来了之后，他要求员工专心个人的工作，当大家改变过来后，公司的政治气氛好转了很多。"

"薪资固然重要，而且我们必须付给员工们有竞争力的工资，让他们安心过日子。其实，员工们最关心的是与同事相比，别人赚了多少，所以如何拿捏员工薪酬是一个非常重要的课题。一旦解决了薪资问题，员工们接着会关心工作中有没有自主权，是否感到个人工作与企业目标捆绑在一起，以及有没有发展晋升机会。"

"请继续说……"珍妮入神地听着。

"正如你想象的，'自我引导'是一件让人头痛的事。我们当然希望员工们按照要求去工作，达成指标，按照程序工作。但这是一家汽车零部件公司，不是一个社交俱乐部。"

"我同意。"

"现在回过来谈'接球'。我会把我的目标告诉直接向我汇报的领导们，然后请他们拟出一些可以量化的指标以及行动计划，我们就这样开始传球和接球的游戏了。以妮娜为例，我花好几个小时向她解释，我需要一个改变和供应商关系的方案，让采购员负责供应商的质量和准时送货率，而不仅单纯地购买零件。我们的讨论一直持续到她向我展示，如何量化供应商产品的不良率和不准时交付率。她第一次提出的指标，我认为太保守，冲劲不够。所以我们继续讨论，直到达到一个双方都可以接受的指标，然后她开始去写执行计划。随后，我们又就计划讨论了很久。基本上，我告诉她我的目标是什么，她去想如何完成，何时完成。重点是，这是她的计划，不是我的；是她的指标，不是我的，但大方向却与公司的目标一致。"

"相似的，伦恩·巴顿也有 5 个清晰的目标：安全、质量、产量、灵活度、员工建议。前四个是奈普拉斯对每个厂长的标准要求，最后一个是对伦恩的一个特殊挑战。他订下一个指标数，然后制订计划如何去达成。然后我们一起讨论好几小时。"

"你的 CEO 与你也这样一起制定你的工作指标吗？"

"是的。菲尔描绘出他对欧洲工厂的期望与方向，然后我拟出一些量化的指标和计划，然后我们采用传球与接球的方式一起讨论。比如，今年我们的一个目标是如何改进与全球供应商的关系，我的工作就是如何去定义，并且拟出计划。但是我目前的计划还无法达成他的目标，他的期望很高。"

"你们在美国的同事也这么做吗？"

"同样的愿景，但是不同的方式，在美国，我们有不同的顾客和供应商。老实说，北美负责人马克和我做事的方式也不尽相同。"

"所以你们并没有做同样的事？"珍妮好奇地问道。

"不一样，菲尔并不关心'同样'。他希望我们相互学习，大家一起讨论各自的方法，相互交流。比如，我对发起'运动'这件事不太起劲，但是我的美国同事马克却很乐意这样做。他召集供应商一起开会，然后甄选出最优以及最差供应商，用竞争的手段来激励供应商，我却没有这样做。但基于他通过这样做所取得的成功，我打算今年也试试，需要接受新的思维方式，才能不断学习进步。"

"你的 CEO 任由你这样做？"

"他并没有放手让我为所欲为。这就是第三点，他让我知道做得怎么样。先前，我们已经就目标和计划达成一致，然后他会定期来工厂视察，与我们一起讨论。如果遇到难题，他不会把我抛在一边，独自为解决问题挣扎。我们不断地讨论他的愿景和我的结果，检查与确认，确认，再确认。"

"所以你也没有完全自主？"

"我认为我的自主性很高。如果你的意思是我并没有自由到为所欲为的话，那你是对的。我们对自主化的定义是，遵照 PDCA 的方式，不需要外界帮助，具有独立解决问题的能力。然后，我可以独立做决定，但是并不孤单，我在一把大伞下，伞的大小高度由菲尔的愿景和目标来决定。最重要的是，我非常确信他不会在没有通知我的情况下，让我做他不同意的事。"

"菲尔会让你自己做决定吗？"

"当然会。我们的理想状态是使每个员工能在没有授权的情况下，去承担更大的责任。虽然有时菲尔不一定同意我的方法是对的，但他愿意给我机会去做试验，我们会一起检查结果，并且讨论。我从来都没梦想过，在工作上有这么大的自主权。公司有处理不完的问题，事实上，我觉得菲尔留给我做决定的空间过大，以至于我经常惹火上身。"

"而且你隶属于一个大集团。"

"的确。我们四个区域的副总裁（欧洲、美国、亚洲和拉丁美洲）每个季度都会在一个工厂见面，一起讨论目前的进展。这种讨论很'酷'，因为各自的市场不同，需要不同的方式去处理问题。我们不仅学到新的事务与经验，更感到大家在一起能创造更大的价值。"

"你也和向你直接汇报的人这样做吗？"

"我和厂长们就照这个方式做。目前我花更多时间在斯温顿工厂，和经理们一起讨论，比如妮娜，因为这是我们刚收购的一个工厂。通常我会与每个厂长和技术中心的负责人一起做类似的讨论，然后他们与向他们汇报的人也做相同的事。他们也会进行跨部门的讨论，比如，妮娜每个季度都会与其他采购部门的领导，在欧洲的一个工厂里开会。"

"所以妮娜在你每次来工厂视察和与其他同事们开会时，可以获得大家对她工作的反馈。"

"她需要知道她的工作是否达到他人的预期，她必须感到自己隶属于一把大伞下，而不仅只是她的工厂，这就是我们的工作形式。我尽量提供给她，我对她个人工作的反馈，同时也分享其他人对她工作的意见。这就是我们建立的机制。"

"非常好，我要仔细想一想。"

"不需要太紧张，"安迪笑道，"这都是不断练习的结果。我把它看作一场拼图活动，把工厂走线，各种会议拼凑在一起。我们公司有一个强项，就是培养出一批能干的助理，由他们协调把所有活动都安排在行事历上。我的助理安娜就有这份能耐。"

"这些还真需要有组织能力的助手。"

"我们每个分部都不是独立单位，而大家又都在追求最大的自主性。我身处在一个庞大的组织里，但我可以在既定的目标下，自主地执行我的计划，如果做得不好，菲尔会告诉我。我试着与我的领导们也遵照这个方式，更重要的是，教会他们如何与他们的部属采用类似的方式。比较起来，我们拉丁美洲的副总就非常擅长这一招，把他的团队训练得很好；而我，却要花很长的时间。"

"好的。让我总结一下我刚刚听到的。我必须练习传球与接球，让我的下属管理层根据公司的愿景和目标，来定义各自的指标和计划。"

"很好，那是我们下一步的计划，我会和你展开传球和接球的练习。举个例子，你预备怎么满足妮娜对南角公司的需求，有些什么建议？"

珍妮盯着他看着。

"到现场去观察，"她接过话，"不仅了解状况，更要让员工们知道他们做得如何。但是这将如何帮助我解决问题呢？"

"对他们的工作予以肯定，该称赞的时候就称赞。大部分员工非常希望听到老板的肯定。解决问题是一个称赞他们的好机会，只要他们努力，不管是否成功，都值得表扬。记住：**工作 = 干活 + 改善**。随着时间的推移，日常工作部分会变得越来越容易，但是改善部分会一直很难。"

"我已经体验到了，希望我的工作会变得更好。"

"一般对成年人来说，学习总是一件困难的事。我们为了持续改善，要求员工在出现问题时，停下手边的工作，努力地思考为什么，其实这些步骤并不会自然发生。"

"即使员工看到进步？"

"员工看到结果固然高兴，但终究觉得这套方法很困难；有些人可以接受，有些人会比较慢。但是相信我，当菲尔指出我做的一些不当的事件时，我仍然感到无比糟糕；但是我不担心，毕竟在一起工作时间长，不可能每件事都保证愉快。所以，我们必须接受一个事实，那就是要求员工发现问题时就停下手边的工作，并去做分析的过程，永远都会是个让大家头痛的挑战。"

"我懂了。"

"我一般很少夸奖员工们做得很好，因为那是他们的工作。但是我会嘉奖员工在解决问题时付出的努力；当他们遇到问题，停下手边工作时，我会祝贺他们。我赞赏他们对改善付出的努力，我会让他们知道，我很开心。"

"他们如果想从你这听到赞赏，就必须学着去解决问题。"

"是的，他们越严格地执行PDCA——计划、执行、检查、行动，我就越开心。"

"我必须承认我完全没有注意这些内涵，这就是你上次为什么表扬莎朗的原因？"

"实际上，莎朗不仅解决了我们的问题，她更提出了一个清晰的创新方法。改善有两种：

解决问题的改善：知道标准是什么，但是当前的状况却低于标准，所以必须发现差距，找出解决方法，以期达到标准；

改进的改善：已经达到了标准，需要通过减少浪费，来寻求更好的结果。"

"以莎朗为例，她提供了一个从来没人想过的方法来帮助我们解决问题，这就是为什么我专程去感谢她的原因。"安迪回答道。

"怎么每件事都能套个公式？"珍妮天真地说。

"这是一种套路，"安迪笑道，"你以为我生出来就会吗？这可是练了好几年的功夫，直到它变成了我的自然反应。菲尔一直在我背后推着我前进，"

"又是不断练习，我想我最终也能学会。所以，第一，练习接球；第二，让员工们知道他们的表现；第三，对解决问题的努力予以嘉奖。"

"就是这些。你还要不断地提醒每个员工严格地遵照PDCA，进行计划、执行、检查、行动。这些练习会让之后的行动阻力减小。我该走了。"

"谢谢你，你说的这些对我很有帮助，真是胜读十年书。"

"不客气。我与史蒂夫和伦恩聊过了，他们那天没有向你展示最近的新项目，我想将来有机会你应该再去看看！"

"我错过了什么？"

"今天够了，"安迪微笑着，看他的手表，"必须要走了。你做得很好。下次你来工厂现场参观的时候，我们再接着讨论。"

送安迪上出租车后，珍妮回到自己的办公室，把自己埋在椅子里。她的脑子里满是"接球"，制定目标来满足妮娜的要求，她在一张纸上随意写画着，发现她还没有完全掌握奈普拉斯的项目，所以无法提供一个清晰的、量化的目标给妮娜。

她越是常到现场去观察，就对练习感悟越深。她再一次对于"问题在于自己"有更深的体会。如果自己对顾客的期望没有清晰的了解，她又如何去领导项目经理？她笑了，回忆起当她第一次与安迪进行那场"自己就是问题"的痛苦训练时，不禁笑了出来。现在发现并不那么可怕，毕竟她可以自主操作。

她列出了南角的主要项目，然后写上：客户想从这些项目里获得什么？客户想优化哪些工作？南角能提供的价值在哪里？她内心自我赞叹道，都是好问题。她发现自己经过不断地遭遇问题，解决问题，并且聆听他人的意见，已经走出过去自以为是的阶段，开始能领悟学习的快乐。

周日晚上，当女儿们在客厅里看电影时，珍妮试着为即将来到的一周做些准备工作。她一直在思考一个问题：如何把安迪教给自己的那一套应用到她的团队？她绞尽脑汁想来想去，终于在 iPad 上写下：

T 型员工能力发展模式：通过提高员工能力来实现目标。

然后，她在下面画了一个大大的 T 字形，横上写着领导力，竖上写着技能。

她开始考虑项目经理们，有三点可以改进

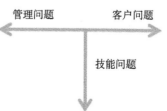

• 技术层面：加强 IT 技术

- 客户层面：加强了解顾客满意是什么意思
- 管理层面：改进与程序工程师的关系

上次她与安迪的对话，让她对一个企业老总的职务有了全新认识。她意识到自己太过于专注公司的运营层面，以至于没有认识到，仅把行政事务处理好，对公司的业务成长并不一定有太大的帮助。安迪的"领导软实力"教给她另一种实用的管理方法，她之前没有听到过。

她在 T 形的最上面写上珍妮·德蕾妮，然后在竖边写上自己正在进行的练习：

- 去现场观察
- 跟着客户走
- 加快流程
- 展示尊重
- 发展团队合作
- T 型员工能力发展模式
- 练习接球
- 让员工们知道个人的表现
- 该表扬时就表扬

珍妮把自己的思路理清了，脸上露出满意的笑容。对了，还得加上瑜伽，她对自己可以挤出时间来练习瑜伽，很开心。刚开始时，她抵触"练习"的想法，她认为不知道结果，就去练习不理性。但现在她必须承认新观念改变了她，也将改变南角公司。

她再次回到 T 形的横条：领导力。她写上"相关者：罗勃、麦克、客户和烦人的里诺尔·班布里奇。"班布里奇，她在这个名字上打了个圈，是吹响战斗号角的时候了！

培养领导干部

"好吧，两位好伙伴！"珍妮边说边坐下，目不转睛地来回打量着麦克·温布利和罗勃·泰勒。"我想现在是澄清许多外界传言的时候了。我最近和我们的投资人里诺尔·班布里奇先生有过一次交心的谈话，他很满意公司最近的财务预报，虽然有人在背后向他提出质疑。"她说着，看了一眼罗勃，"但里诺尔仍然对我的领导充满信心，而且认可公司重视质量的努力与方向是正确的。所以，麦克，请继续加强结合软件开发与测试，希望'质量第一'成为南角的企业文化。那些不同意这个做法的领导与员工，可以选择离开公司。"

"你在说什么？"罗勃愤怒地问道。房间里的空气充满了火药味，珍妮甚至可以看见从他胖脸上渗出的汗珠。

"亲爱的罗勃，我正在划清界限。今后不准再在我背后，向投资人提出混淆的言论，不准再对麦克的测试工作不予理会。我们要么继续合作，要么就按照股东协议，办理分离条款。"

"你无权这么做。"罗勃脸色惨白地说道。

'那就试试看，我并不想这样做。我已经和里诺尔说清楚了，他告诉我：'你是 CEO，你有全权做决定'，这是他的原话。"

麦克咯咯一笑，打破了沉寂的气氛："好了，孩子们，不要吵了。都吃了兴奋剂吗？亲爱的珍妮，请你把接下来想做的事告诉我们。"

珍妮点点头，暗暗地感谢麦克的插科打诨，继续道："我近来拜访了许多重要客户。罗勃，我知道你认为这是你的责任，不喜欢我这样做，但为了公司发展，我会继续这样做，你最好先有思想准备。我从这些访问中，了解几件重要的事情：首先，我们没有花足够的时间，去认识客户的价值，以及客户真正想优化的项目；其次，我们不需要一个只会销售低廉服务的队伍，我们需要推销的是南角的核心技能，以期能获得高回报、长期合作的订单。"

"但是——"罗勃想争辩。

"我还没有说完，"珍妮迅速地补充说，"我最近一直在跟踪订单，发现接单时间的波动很大。一旦工作量满了，因为知道无法准时交付，就立即停止销售。但这样做又会造成销售管道中的订单不足，一旦接不上，又回到全力销售的模式，急急忙忙地签订一些不知道是否赚钱，也不一定是我们的核心技术，而且不再续签的合同。"

罗勃仍然保持沉默，而麦克却同意地点头。

"我不知道如何改善这个情况，因此要求每两周开一次会，三个人一起来讨论这个问题。这个会议必须准时出席。"她直直地看着罗勃，宣布道。

"我已经让我的秘书安排下一次会议，议程主要讨论如何改善目前的销售、开发与客户服务的运营体系，请你们提出建议。我正在寻找一个平衡订单与工作量的方法，希望你们两位一起努力，拿出一个可以量化的目标和切实可行的计划。就这些了，同志们。"

"是不是从现在开始，我们就只有服从命令或者走路的选择？"脸色铁青的罗勃嘟囔道。

珍妮没有回答，只是冷冷地瞪了他一眼。

"好了，你们俩，都少说一句。"麦克站起来说道："珍妮，你已经表明了你的态度，就不用再多说了。好了，罗勃，我请你喝酒。我们需要好好聊一聊。"

———◞

"嗯，还有一件事，"里诺尔喝了一口咖啡，好像正要发出警告的信号。

珍妮在接到里诺尔的邀请，在他的俱乐部共进午餐的时候，心里就开始嘀咕了。这个俱乐部是众所周知的名人聚集的地方，一个非常传统的场所，她甚至怀疑女性是否会被允许进入。

珍妮原以为里诺尔邀请她吃午餐，是为了宣布他决定转让南角公司。因为当年他们买下这家公司的时候，曾经告诉其他的投资伙伴，投资银行的惯例是3～4年便会转让业务，这样可以赚一笔，所以她有这样的预感。出乎意料，里诺尔告诉她说目前市场不景气，他们决定保留南角公司，等日后市价好的时候再出售，可以赚到较丰厚的利润。

珍妮耐心地等待着，看他葫芦里到底买什么药。里诺尔是个老狐狸，一副高深莫测的脸庞和过于矫饰的举止，他请她吃饭必有目的。说老实话，里诺尔过去几个月里，相当支持她的工作，但是她还是很难喜欢或信任这位饱经沧桑的商场老将。

"我们最近遇到一个机会，有一家和南角规模差不多大小的软件公司，因为运营不善，想以低价出售，可以说是一笔相当合算的交易。我们很有兴趣收购，但又不希望……呃…… 在这个阶段，扩大投资组合。因此，想探讨南角公司是否愿意收购，我们可以安排必要的财务支持。"

珍妮盯着他，张口结舌，心里喊叫着：我们还没有准备好，没可能，这太过分了！我不能……但是口里却说出完全不同的话。"非常高兴！"她尽可能热情地回答道，"我们感到非常荣幸。"

"很好！"里诺尔笑着回答："好极了！你爽快的回答让我如释重负，我们将把投资额加倍。"他的眼睛里闪着光芒。"我们相信你是扭转局面的合适人选。"

———⟶

"这就是我们的业务需求。"奈普拉斯公司的采购经理妮娜对珍妮说。"我期待南角针对这些需求,拟定一个计划书。"

珍妮很高兴听到奈普勒斯的要求,虽然他们仍然没有考虑整套 IT 系统的全面升级,但是同意向南角公司雇佣一个三人团队,来协助 IT 系统的改善工作。这三个人将会是克里斯、他们欣赏的莎朗和另外一位珍妮需要去物色的人选。

"对了,"当他们下楼梯的时候,妮娜告诉珍妮:"安迪说他想在你离开之前,和你讨论一件事。他正在生产线上,我先帮你准备安全装备,然后带你过去。"

他们发现安迪正靠在生产休息区的咖啡机旁,认真地与伦恩巴顿厂长,以及一位她未见过的圆头圆脑的家伙一起讨论。她想,难道这几个人都去同一家理发店吗?怎么发型都一个模样?他们交谈的声音很轻,都紧锁着眉头。安迪没有说什么,只是示意她过去,并和妮娜交换了一个眼神手势,她点了点头便离开了。

"伦恩,凭良心说,她是一个勤奋的员工!"那个珍妮不认识的人开口道。

"我同意。她的脚已经包扎起来了,而你要她把鞋带系好,其实帮不了忙。"

"她之前并没有向我报告她脚受伤了。"

"好了,不要偏离了主题,"安迪插嘴道,"问题是那台设备的脚踏板太重了。至于她是在家里受伤,或在工厂里受伤,并不重要,如果她说是设备造成的,那么我们就把这件事当成一个意外事故。更重要的是,我们需要改善这项操作,你们同意吗?"

安迪结束了谈话,向珍妮的方向走过来,把问题留给两位经理去解决。

"又遇到麻烦事了?"珍妮在这两个人听不见的距离外问道。

"一些寻常的事情,"安迪挤出笑脸回答道,"我们刚刚在视察现场的时候,伦恩发现一位操作员的鞋带没有系好。"他向她的主管提出此事，她的主管便立即让那位操作员停止工作。操作员解释说，她的脚受伤了，现在用绷带包扎起来，所以不能正常地系紧鞋带。她的工作需要重复踩踏一块脚踏板，虽然这项操作合乎安全法规，但日子久了可能造成伤害。这件事最根本的问题是她的主管，他属于那些不容易改变的顽固分子之一。"他边叹气，边摇摇头。

"幸运的是，"安迪过了一会儿说，"伦恩看到了问题，并正在设法解决。"

他们向史蒂夫主管的装配区域走去。"你这次又要安排我看什么呢？"珍妮问道。

那位身材矮小的主管正在一个工作间里和他的一名操作员检查一台设备，看到他们走近，便走了过来。

"嘿，史蒂夫，你可以带珍妮参观一下你的道场吗？"

"什么？"她误把"道场"（Dojo）听为是"魔力"（mojo），觉得不对劲，但又觉得很有趣。

"道场是一个日语单词，意思是练习场所。"安迪解释道，"一个训练场地，通过重复一套动作，直到员工能正确地操作。"

"喔，又是一个新的日语术语。"

"其实也不多，"安迪回答道，"我们尽量不使用日文精益术语，但是像现场（gemba）、持续改善（Kaizen）和道场（dojo）这些名词，具有特殊含义，又没有相对的英文名词，因此我们维持用原字。我大概算了算，使用的日语也就只有这几个单词。"

"珍妮女士，很高兴见到你，我想带你看看我设立的一个迷你训练中心。"史蒂夫边解释，边用手指着一个被布告板和设计照片环绕的工作台。

"请容许我来介绍整个故事的发展。安迪大大改变了我们工厂的工作方式。我过去常常用一整天的时间，去寻找缺料的零部件，还要盯着维修部门维修机器，调度工人们去跟踪电脑订单，简直是一片混乱。因此，每天都很烦，总是让我狼狈不堪。"

"后来，安迪把我带到一个生产单元。然后告诉我，'伙计，我们的顾客每分钟生产一台发动机，而每台发动机上都需要一个这样的零部件。所以你的工作就是每分钟生产一个零部件，不要去管什么电脑订单，只要按照看板的要求做。'"

"每分钟一个零部件的简单要求，改变了这里的一切。这代表每个操作工都需要在一分钟内，完成各自的工作，现实情况距离这个要求可差了十万八千里。明确的生产速度逼得所有的问题都浮现出来了。"

"安迪盯了我好几次，我们终于举办了一次改善研习会，重点解决了一些人体工学上的问题，那是我以前没有花时间去考虑过的。然后又平衡了每个工位的工作，这样生产线上只需要 4 个操作员，而不是先前的 6 个人。后来，安迪要求我挑选出 2 个最能干的操作员，调其中一位到另一个生产单元，去领导类似的工作，另一个则留在这个单元里，担任小组长的职务。班组长一部分时间执行生产任务，剩下的时间用来保证每分钟生产一个零部件的任务能够顺利完成。"

"这听上去有点不现实，我们照着做了，没想到居然起了效果，但同时也发现了很多质量问题。我不明白为什么有的班会比其他班生产更多的返工件和报废件。安迪告诉我说'每个员工都不同，因此他们的工作方式也可能不一样，这就是我们接下来需要去统一的。从现在开始，由你亲自带头，每天花半个小时来训练一个操作员。'"

"'培训什么呢？'我问。安迪的回答是'如何正确地操作'。所以我们就在这里设立了这块白板。"史蒂夫说着，带他们走到一块大白板前面。上面写着：'员工培训计划：主管每天培训一位操作员'。你看，每个操作员都和我有半小时的培训时间。我的团队有 37 个人，所以我每 4 ~ 5 周就会见到同一个操作员，不管是老员工还是新员工，挨个培训。每个人都必须接受史蒂夫的培训。"

"你都培训些什么内容呢?"珍妮好奇地问道。

"这也正是我当初的问题,"史蒂夫咯咯笑道,"安迪告诉我'正确地制造产品',并且给我这个文件。"

步骤	工作内容	主要注意事项	可能消除的浪费

"我们那时已经订立了不同工位的操作程序,安迪告诉我就用这个表格,我照着做了。很快地发现了两件事:一是虽然大家都知道工作的内容,但每个操作员却使用不同的方法;其次是每个操作员都有很多改善的想法,却没有人问他们。这时,安迪又介绍给我另一块可视板。"

建议	验证（找一个地方测试）	验收（大家都同意）	制作标准（并标准化）

"我们以前曾经试过几个不同类型的员工建议,但实施后没有什么效果,因此我兴趣不大。但安迪非常坚持,于是又试了试,出乎意料的是,这次成功了,员工提出了很多很好的想法。"

"积极参与?"珍妮望着安迪问道。

"提出正确的问题,"安迪说,"一旦员工理解我们提出的问题,通过查看具体操作,他们就会想出好的点子来。最重要的是,我们要设身处地去为操作员思考,如何能正确并且稳定地每分钟生产出一个零部件来。"

史蒂夫接着说:"针对一些比较难操作的工作时,如果能找出一个最好的操作程序,把这些操作程序记录下来,培训其他员工。然后,要求每个操作员都照着做,这就是标准作业。但是不要替员工写操作程序,因为如果员工不愿意照着做,表示这个操作程序一定有问题存在。"

"标准化作业（Standardized Work）?"

"是的，标准作业。"安迪停顿了一下，"我想再补充一下，标准作业对于我们工厂来说，具有特定意义。你看，大部分的工作都依赖操作员，无论设备有多大、多聪明，但还是需要操作员来支配。人不是机器的奴隶，机器是用来生产的。事实上，IT系统也是如此，人在工作，软件系统在辅助，而不是颠倒过来的。"

安迪解释说，"这是精益思想不同于泰勒主义的一个基本概念。每个操作员都是主导设备的原动力，不管设备有多复杂，人永远不是自动系统中的一个螺丝钉。"

"当前的挑战是如何协调人、机和法，创造出最大的价值，产生最少的浪费。为了提高工作效率，必须就所知的最佳工作顺序达成一致。因此，标准作业就是一个，大家都同意的最佳工作顺序，能描述在不出状况时如何去操作。但标准作业并不是不能变更的，大家固然要遵守标准作业，但这标准也会随着顾客需求改变而不停地提升。所以说，标准作业也是持续改善的起点。"

安迪为了强调这一点，暂停了一下，再重复地说了一遍："所以，标准作业不是一个刻在石头上的令状，不能修改。标准作业是当前工作团队集体观察的智慧结晶，被大家接受的最佳工作顺序。另一方面，标准作业是我们改善的基础。"

"事实上，"他继续深入地说，"对于员工来说，最糟糕的莫过于，他们觉得尽了最大努力，但是老板还是不满意他们的工作。"

"我们都有过这样的经历。"珍妮同意道。

"我们希望给予员工正面的鼓励，让他们对工作有信心，这样他们才能安心地工作。操作员其实都想生产合格的产品，并不想制造出不良品。因此，我们必须负起教会员工如何区分合格与不合格产品的责任。我们对每一个工作都必须明确：

（1）客户期望的目标；

（2）一步一步的作业明细；

（3）正确操作的必要条件；

（4）清晰的合格与不合格的标准。"

最糟的情况是不合格品被客户发现了，那将会带来许多意想不到的麻烦。

"安迪说的这些正合我的心意。"史蒂夫肯定地说道，"当他让我每天培训一名员工的时候，我以为他疯了。训练新手我没有问题，但是去教那些和我工作经验相当的老员工，真是不可思议。我后来发现，虽然资深操作员很有经验，但当讨论合格与不合格的具体细节时，每个人都有不同的观点和看法。安迪告诉我们'边界模糊区域'是真正问题出现的地方，所以，我们把每个程序都分成具体的步骤，然后试着就每一步的标准达成一致。后来，把安全因素也考虑进来，找出如何才能安全地生产出合格的产品，并且留心哪些步骤可能影响安全或者质量。我们这样做了一年多，但偶尔还会出现状况。"

"我们这时开始'道场'培训。"史蒂夫说道，"几个月后，我得出一个结论，那就是车间里只有少数几个比较难操作的工序，其他都是一些重复工作，例如搬运零部件等。有些工序技术上比较困难，比如机器设计得不符合需求；有些需要专门技能，比如手工去毛刺。小组长们和有经验的操作员可以帮助其他操作员，一起来练习这几个动作。我一开始也不相信，但这样做的确使质量和生产率有了显著的提升，尤其是对那些新进的年轻操作员和临时工大有帮助。"

"把关键工作做对！"珍妮接着问，"操作员们会写作业标准吗？"

"这得看你的定义。"安迪没有直接回答她的问题，"一开始时，制造工程师编写如何生产零部件的程序，列出每个步骤以及顺序。当涉及实际行动时，比如脚、手、眼等，那么操作员的经验更重要。"

"所以操作员们写下如何生产零部件的准则？"

"也不算是准则,"安迪回答道,"其实就是标准作业,是目前已知最好的操作方法,如何以最少的浪费去生产合格的产品。其中一些浪费,需要日后持续改善。当员工熟练了操作后,或者当生产线的产量或组合发生变化,甚至增加新产品,或者进行持续改善时,标准作业也会跟着改变。严格地说,标准作业是由生产主管和团队一起编写,生产线的小组长要对这些作业标准了如指掌,并且确保操作员了解其中细节。"

"你指哪些细节?"

"还是一句话,要视情况而论。左撇子的人不会和右撇子的人一样拿零部件或操作设备;或者,一个矮个子和高个子的工作方式也不同,所以,我们也会顾及个人的特殊情况。标准作业是目前最好的工作方式,但是我们也尊重员工在正当理由下以不同的方式来完成工作。"

"适当的对话渠道非常重要。"史蒂夫补充道,"这可以帮助员工改变想法,或者让大家对标准作业有更多的了解,使得这份工作更有趣。"

⟿

"你准备好了吗,史蒂夫?"安迪问道,"我们必须走了,不然就要赶不上飞机了。"

"我准备好了,我去拿我的包,在大堂等你。"

"你们要去机场吗?"珍妮问。

"我们要去德国的工厂,史蒂夫要在那里帮助他们建立培训道场。"

"要不要我开车送你们过去,反正顺路。我有件事还要咨询你的意见。"

"那好极了,谢谢!"安迪回答说,"顺便提一句,回到你刚刚提到把关键事情做对,最难的是如何从每天众多的事情里,找出这些关键点,史蒂夫在这方面做得很好。你会在提姆的物流区发现同样的培训道场。当然,理想情况下,每个主管都有一个自己的道场,但是我们还远远没有做到。"

"他们也坚持每天半小时培训吗？"

"当然。重点不完全在生产技术培训，还有建立合作关系。每天花半个小时和一个操作员一对一地沟通，会产生令你惊讶的效果。他们利用这个机会，彼此了解每个人的顾虑，甚至包括一些私人问题。这些沟通可以帮助经理们在现场发现问题，而不会任其恶化下去。"

"我不知道'道场'在南角里会起到什么作用，"珍妮说出了自己的想法，"但不是不可能。那些崇尚敏捷的程序工程师一谈起程序，往往激动得热泪盈眶。我会试着让每个部门的领导，每天花 20 分钟和下属们单独地讨论他们写的程序。"

"这将不仅是程序本身，还包括创建程序，以及如何编写程序的流程。我建议你先做几个试验，看看结果再决定。"安迪说，"这又不是什么高深的物理学，只要去做，很快就能学会。"

"请等一下，"安迪边走出工厂边说道。他透过窗户看见装配车间里的一幕。"那是在干什么？"他指着一个被纸板隔开的小塑料盒问道。一个操作员刚把一个零部件扔了进去，这个动作引起了安迪的注意。他要求去看看。

"哦，你今天进来的时候，我们正在讨论这个问题，"史蒂夫回答说，"我们不确定这是不是一个合理的员工建议。梅迪是这里的小组长。"

"梅迪，你可以过来一下吗？"

小组长从她工作的单元里走了过来，史蒂夫给大家做了介绍。

"不好意思，经理，"她对安迪说，"我不能待太久，今天我们单元里正好缺一个人手。"

"没有问题，"安迪笑着回答，"我提一个很简短的问题，那个装有隔层的小塑料盒是谁的主意？"

"露西提出的想法，不过她今天感冒待在家里。当她把零部件放入机器时，常常被机器弹出来，露西发现有些是因为零部件不合格，有些因为润滑油太多，因此用目测检查后，把不合格的零件扔进盒子的左侧，把润滑油过多的放在右侧。"

"看来大半都是因为润滑油过多。"安迪看了看说。

"是啊，我们原来也以为零部件不合格，但后来发现油太厚时，机器也会拒绝。我已经开始询问上润滑油的过程了，但是还不知道该如何处理。"

"为什么需要上润滑油？"安迪问。

"我也问过工程师同样的问题，但是你知道那批家伙，"她无奈地说，"他们还没有答复我。"

"嗯，这当然是一个员工建议。"安迪总结说。

"但是这个建议并没有改善流程。"史蒂夫从他的角度提出意见。

"但这有助于我们更好地去理解问题，所以，这绝对是一个好建议。当露西回来的时候，替我谢谢她。史蒂夫，请你和采购部门沟通一下'为什么操作员得处理这些有问题的零部件'。大家干得好！"

"我们可以回过来，再说说员工建议吗？"珍妮把车开上公路。

"好呀。"安迪有点兴奋，"我们先讨论设立员工建议的目的以及前提。目的是让每个员工都能对企业有所贡献，让员工感受到个人做出的贡献；前提是不需要大投资，并且可实施性强，或者能帮助揭示问题。很重要一点是，每当我们拒绝一个建议，当事员工可能就不再提建议了。"

"我理解了，你要建立的员工建议机制，并不是为了经济回报，而是为了员工的参与。"

"有关参与和介入。我的老板对此也有一个公式。"

工作满意度 = 参与 + 介入 + 被认可

"我们希望员工们用心工作，觉得自己是公司的一分子，能够为车间、工厂以至于整个公司做出贡献。如果我们不能落实员工的建议，将是公司的一大损失。"

"这样，员工一定会为个人所做出的贡献感到骄傲。"

"因此，想要获得有价值的建议，就必须努力地去寻找，这是主管的一个重要工作。比如刚刚那位女士……"

"露西！"史蒂夫补充道。

"露西发现了问题，接下来就是她的主管梅迪的工作，去帮助露西理清思路，并且用简单的表格提出建议。一起到现场去，并且……"

"观察和讨论。"珍妮插嘴道。

"完全正确。员工详细解释问题是什么，如何影响他们的工作。小组长的职责是聆听，并且澄清问题。"

"积极参与问题解决，并证明建议的价值。"

"听起来很简单，但做起来颇具挑战。因为员工知道问题，但不一定说得清楚，小组长需要耐心地向其他团队成员解释，获得他们的同意。虽然也就是几分钟的事，但这往往是建议过程中的一个关键部分。"

"我们制定了一个表格，我会发给你一个电子版，作为参考。"

改善前（可见的浪费）	
改善后（改进建议）	
好处（期望和成本）	

"员工把建议表格填完后，钉在刚才看到的管理可视板上，然后车间主管会查看，并且将它纳入系统。这块板的主管史蒂夫，会跟踪，把这个表格放在"新建议"框内。然后，主管要和建议的员工一起，检查建议的可行性。大多数情况下，这不会有问题，因为操作员已经实际操作过，但是有时也会牵涉到一些质量或工艺的情况，需要验证。主管要确认改变不会导致其他副作用，但无论如何，不应该超过 1 ～ 2 周时间，重要的是找到正确的人，问正确的问题。"

"我们希望能给员工一个快速的答复，"史蒂夫插进来补充说，"努力在一周内批准。但做起来并不容易，不是经理们懒惰或者反应迟缓，而是测试或检验需要时间。"

"有时可能涉及一些小投资，"安迪解释说，"虽然我们不喜欢，但也不希望失去任何有价值的想法。有时涉及客户的质量程序，需要知会客户，并获得他们的批准，这种情况下，建议表格会被放入"等待批准"的框内，可能需要一段时间才获得回复，但这种情况不多。"

"就拿刚刚发生的案例来说。"安迪解释道，"首先，露西很用心地工作，她注意到零部件被机器弹出，想要帮忙解决问题。她还设计了小塑胶盒来分辨原因，这也许看上去没有什么，但是她主动地采取行动，并得到了小组长的支持。第二件事发生在流程审批中，小组长梅迪和主管史蒂夫必须共同努力，去找出并消除引发这个建议的根本原因，并且评估建议是否可行。每一个建议都是促进操作员参与以及鼓励团队合作的重要机会。"

"你们会拒绝建议吗?"

"当然会，但是原则上不鼓励这么做，因为拒绝任何一个建议，可能传递给员工一个不正确的信息。我们设立的机制不仅为了鼓励操作员提出建议，同时也给予主管和小组长们一个机会，锻炼他们如何提高员工解决问题和改善工作环境的参与度。到目前为止，主管的积极性比员工提建议更具挑战性。当主管在收到建议但不能及时正确地处理建议方案时，有时不得不拒绝。有时员工为了表达不同意管理层政策，而提出一些明知不会被接受的提案。在其他情况下，有些建议违背了质量政策，或一些主管没有彻底弄明白技术难点，乃至不得不拒绝这些建议。很重要的一点是，要尽快向提出建议的员工解释，他们的建议为什么没有被接受。"

"这表示即使没有采纳，员工建议仍然受到重视。"

"我们的目标是90%的通过率，但是，你也知道的，现场工作就像每天过日子一样，总有很多变数。一些很有激情的小组长们，能从员工那里挖掘出好建议，并且和主管也合作良好，成功率可以保持在 95%。他们通常是比较有经验的领导，不仅技术熟练，而且还有很好的人缘。"

"喔，这就是维持高通过率的秘方。"她信服地说道。

"但是，建议通过率只是一个开始，最终目标是帮助员工建立一种自豪感，因为个人提出的设计和改善建议为公司做出了贡献。"

"员工除了提建议，还需要实践这些建议，对吗？"

"这是我们的策略。"史蒂夫说。

"下一个步骤是认证，"安迪继续说，"对吧，史蒂夫？"

"认证？"珍妮惊奇地反问说，"不是已经批准了吗？"

"那只是书面上的同意。认证意味着证实这些建议，可以在实际生产过程中运作。因此，主管会找时间和操作工一起做试验，有时候用纸板和胶带做一些模拟。不知道你在工厂里有没有注意到类似的原始件。"

"我注意到了。比如今天那个塑胶盒就貌不惊人，却是一个很好的试验。"珍妮接着说。

"我们一点一滴地累积经验，鼓励员工用他们的头脑。"安迪说，"首先测试建议案的可行性，然后再去设计需要的硬件设备。小组长在这一点上起了关键作用，他们的责任是引导操作员，找出巧妙而简单的测试方法；更重要的是，操作员和小组长在车间里一起工作，手脑并用，实质地参与团队合作。我们的理想是，员工提建议并且积极参与，而小组长搭建起与操作员和车间主管之间的沟通管道，建构起全面合作的平台。"

"这可不是件简单的事。"史蒂夫语重心长地说。

"那么，一个建议什么时候会被认为已经完成了呢？"

"等一下，我还没有说完。"安迪笑着说，"一旦找出一个简单的验证方法，验收后，还需要说服其他的团队成员，让他们了解到实质的价值，而不仅是一些无谓的方案。"

"共享成功?"

"加上成就感。员工想出了一个可以帮助整个团队的好主意。对于小组长来说,既要找出建议点子、安排时间来讨论试验,还要邀请其他成员来权衡和评估,因此,这对经验不足的主管们来说,是一个严厉的挑战。"

"当整个团队都同意这个建议后,主管和小组长会制订一个实施计划,其中可能会需要维护以及工艺工程师们的协助。你可能看到工厂一些设备周边,使用了便于更换的软管,用意是方便操作员有改善想法的时候,随时可以做出相应的改变。"

"哇!"珍妮喘了口大气,"没想到员工建议牵涉这么多的工作。"

"一点都不开玩笑!"史蒂夫笑着回答道。

"员工互动是关键点,"安迪再次强调,"每个建议案带来的互动,就是一种参与。其实,透过员工建议,我们让员工感到骄傲,并且锻炼主管的管理技能,辛苦是很值的。过程中需要的工作量,完全取决于主管的能力,擅长此道的主管可以快速并且无缝地处理这些建议,因此可能有好几个建议同时在他们管辖的区域里试验。不足为奇的是,这个区的生产力自然提高,缺勤率也降低。相比较之下,有些主管会有较多的挑战,我们会继续努力去帮助他们,凭良心说,的确需要点力气。"

"即使我们还在学习阶段,但已经获得了很大收益。我会继续把员工建议列为厂长的一个主要指标,相信员工建议会带动员工的参与和介入,体现'领导软实力'。所以,我们会继续努力经营。"

<hr>

"对了,你刚才说你想讨论件事情。"安迪记起来,他们在机场附近遇到了堵车。

"是的!"珍妮边回答,边整理她的思绪,"有这么多东西需要学习:道场、员工建议、认证。够我追赶的,但是……"

"罗马不是一天建成的,"安迪安慰她,"一步一步来吧。别忘了,这是我第三或第四次做这件事,所以我已经积累了不少经验。当你明确目标后,一切都会慢慢上道的。建议你在这个阶段,把重心放在帮助员工建立起判断产品合格与不合格的信心上。"

"谢谢你的建议。"珍妮继续道,"事实上,我需要你给我些建议,是有关南角公司业务扩展方面的。"她简要介绍了她与里诺尔·班布里奇的谈话,以及正在进行的对方公司净值调查。

"我们打算并购对方的公司,这使南角的规模一夜之间增加了一倍……"

"但是你觉得还没有准备好?"安迪问道。

她抬起头来,缓缓地点了点。

"我理解你的顾虑,"安迪很有耐性地笑道,"当我在第一个工厂稍有喘息的时候,我的老板就加了两家工厂以及一个工程部的责任给我。当我勉强撑下来的时候,他又给了我欧洲分部的职务。看来老板还计划并购更多的工厂,我们永远都不可能充分准备好。要么不停地在成长,要么就在原位上踏步。"

"你说得轻松!但是……像你刚才解释的,需要对员工大量的关注,需要教员工如何把事情可视化,然后找出问题,深入了解问题,并且引导他们去解决问题。这需要大量的时间与精力,哪里还有余力去处理更多的业务呢?"

安迪沉思了一下,回答道:"领导人的工作就是培养出更多优秀的领导。问题的核心是,业务增长的速度被培养领导者的速度给限制住了。我要举个开车的例子,并不是在批评你,有时速度太快不一定是好事。我们姑且不谈领导人的职责,而只谈领导力,任何一位成功的领导人必须培养出一批领导者,并且形成一个团队。这些人是员工听从的对象,通过他们可以说服众人跟随你的方向。但不是每个人都能成为一个领导,我们公司里就有好几个小组长和操作员都极具领导力，广受其他操作工的尊重，很能左右追随者的意见。

"我就能想到几个，"史蒂夫呵呵笑着说，"他们不一定是说话最响亮的那几个。"

"培养领导者？我以为领袖才能是天生的，而不是后天培养的。"珍妮提出她的问题。

"我们的经验却不然。"安迪耸耸肩，"我们不去寻找像历史书中记载的伟大领袖人物，但会去培养具有判断力、愿意接受改变，并且在团队中造成影响的领导者。归根到底，这些人将来能领导并适应变革。但任何事都不可能一个人独力而为，必须获得员工的支持。"

"那你怎么做呢？"

"我们基本上做两件事情：首先，不断地培训员工解决问题的能力，同时改变他们做事的方法，日复一日，低调地从事改善，来管理变革。"

"管理变革？"

"其中一些做法你是熟悉的，把工具、方法和原则串联起来。我们为了管理变革，需要教会每一位经理：

（1）将操作内容或流程可视化，便于揭示问题；

（2）当问题出现时，立即停止手头的工作，并采取行动，以保护顾客权益；

（3）一次解决一个问题；

（4）及时检查，并让团队成员知道表现的状态；

（5）调整并完善相应的流程。"

"这实际上就是我每天的工作，管理变革就是确保标准作业都按计划进行，如果看到问题，就推动持续改善来解决。所以，我每天查看"问题"是否都能暴露出来，然后把解决问题的锻炼机会交给领导者们，并且跟踪问题解决的发展。"

"这听起来太简单了。"珍妮怀疑地说。

"别忘了从实践中学习，"安迪笑了，"举例来说，我们在德国的新产品量产刚刚起步，就是我们现在要去的工厂。这是一个高风险的项目，许多工程上的问题我不懂，我的对策是花时间和大家在一起，鼓励员工倾听他人的意见，并清楚地阐述问题，以及明白什么时候去寻找外部专家的意见。我个人也在这个过程中学会了不少新的工程技术知识。"

"听起来很不错。"珍妮赞叹地说。

"经过这些年的磨炼，我累积了一些经验，所以会比较轻松一些。但很多情况下，也会遇到一些不知道该如何解决的问题，但是经验告诉我，掌握好如何切入问题，以及用哪些分析方法。通过每天解决问题，我学习到如何应对突发情况，变化对我来说不再是一件了不得的大事。因为变化每天都有，只要能把员工的参与和融入做好，他们会不断地带给你惊喜。你觉得呢，史蒂夫？"

"的确是这样。"

"有趣的是，"安迪继续说，"我花了好几年时间才领悟到，标准作业是管理变革的关键。"

"怎么会呢？这听起来自相矛盾。标准作业不应该是稳定现状吗？"

"我原来也持与你同样的观点。我这里所说的改变倒不是那些突发的改变，而是追随着客户的改变。我们需要频繁地改变生产方式，以求更加灵活地配合客户的需求；更频繁地推出新产品，以满足市场的需求；更频繁地消除浪费，来满足客户的价格要求，而仍然有利润，所以需要标准作业。没有标准作业，就无法激励员工去改变，以满足顾客的要求。一方面，每天解决问题的锻炼，使员工们做好了面对变化的准备；另一方面，标准作业使他们更具信心，从一种状况切换到另一种状况时，不会感到不知所措。改善和标准作业是同一枚硬币的两面。就像手掌和手背。"

"哇！管理变革和有组织的学习，这两个题目够我学习的。我们到机场了。"珍妮边说边驶进了机场，"你的飞机从哪个航站起飞？"

"我们的运气真不错，居然没有遇到太多塞车，终于也有早到的一次。"安迪高兴地回答，"实际上还早了一小时，为什么不去你的办公室转一圈，看看你们的工作进展得如何。"

"好啊！"珍妮高兴地回答，但又想到，既没有提前通知，又是接近傍晚的时刻，不知道办公室会是什么样。哦，顺其自然吧，她安慰自己。无论如何，她都会从安迪那里学到些新东西的。

当他们三人进入办公室的时候，有一个会议正在进行。大家都很安静，珍妮以为是因为有不速之客，但仔细一看，每个人的面孔都紧绷着，她不知道究竟发生了什么事。

"大家好！"珍妮介绍说，"你们应该都认识安迪·沃德先生，而这位是史蒂夫。"

"史蒂夫·戴维斯。"他高兴地和大家打了个招呼。

"大家好，"安迪也挥了挥手，"请继续，我们只是旁观。嗨，莎朗，你好！"

莎朗回应了一声，但心不在焉。珍妮觉得她看上去有点不安，不会是因为安迪在场吧？会议气氛仍然凝重。

"我们称这种聚会为站立会议。"珍妮想打破沉默，解释说，"项目团队每天下班前聚在一起，为了使第二天的工作顺利进行，确定一些必须完成的事情。他们在一个白板上列出每天的清单，这样就可以追踪哪些问题解决了，哪些还没有。"

"好了，各位，"珍妮看看没有起色，终于向团队发出了问题，"把问题说出来吧。"

项目经理仙迪曾随着珍妮和安迪讨论"可视板"，但安迪可能不记得她了。她说："我们在客户那里遇到一些困难，你们知道跟银行打交道不容易。我们想在项目开始时，能更明确地了解问题，但是银行的 IT 部门不让我们和后台用户直接沟通。"

"为什么？"珍妮困惑地问道。

"他们担心我们会麻烦那些人，可能后台用户也有些问题，不想让我们知道。我认为先暂订一个项目的范围，然后再去决定界面的问题，但项目组中有人不同意我的建议。"

珍妮环顾了的项目组团队，仍然没有一个人说话。

"你们怎么看？"珍妮问。

"我不相信我们可以在不通过与实际用户对话来明确用户界面之前，定义项目的范围。"莎朗终于开口了。

"仙迪，你认为呢？"

仙迪在回答之前停顿了一下。"我明白莎朗的观点，而且技术上她是正确的，因为用户界面是这个项目的重要前提。但在目前的情况下，我觉得需要尊重客户不想让我们和用户交流的意见，并找出一个可以绕过这个坎的变通方法。"

"呵！"史蒂夫意外地哼了一声。

所有的目光都转向了这位个子不高、头发花白、面带笑容的男士。珍妮瞟了一眼安迪，他靠着墙边站着，一副置身于事外的姿态。

"我们时不时也会遇到类似的问题，"史蒂夫解释道，"是吧，沃德先生？"

安迪做了一个"你去表现吧"的手势，仍然沉默不语。

"你们公司的价值观是什么？"史蒂夫向整个团队问道。

大家都瞪着他看，没有人回答。

"你们想要让客户满意，但有位客户的领导告诉你们不要捣乱，是吗？"他用他那看透了问题的方式笑着说。

"你们公司最重要的价值观是什么？你们会一直遵循吗？我的公司为日本

丰田公司供应汽车零部件，数量并不是很多。几个星期前，我老板给我打电话，有一位丰田生产车间的小组长，在没有任何通知的情况下，居然出现在公司的前台，手里还拿着一个有问题的零部件。这位老兄既然追踪到我们的地盘来，所以我就去和他见面，但他不想和我多说，要求到车间里去，与生产零件的操作员直接交谈。"

"所以我把他带到工作车间，他让单元里的员工看了那个零部件，有一面很光滑，但另一面还有一些毛刺。这是因为模具设计得不够周全，没有在弹出设备前，一次就把毛刺都去掉。这位丰田小组长解释说，他手上拿的这个零部件在合格边缘，这意味着生产线上的操作员必须在装配前检查这些零件，因为有些合格，有些却不合格。他们既不希望制造出有缺陷的汽车，也不想浪费时间来检查零部件质量，因此他要来和大家沟通，如何避免问题发生。"

"长话短说，重点是丰田公司强调他们的价值观是客户满意，以及对员工的尊重和发展。每家公司都会唱诸如此类的高调，但从这个故事背后，我们可以看到丰田公司的确身体力行。这位小组长居然开了一辆公司的面包车，花了几个小时到我们这里来，直接和操作员交流，告诉我们应该注意哪些事，以确保丰田用户满意，也帮助他的团队工作得更轻松。你看到了吗？他们不走一般企业的投诉程序，却选择了一个直接的沟通方式，来体现他们的价值观。"

珍妮吃惊地盯着史蒂夫。她发现当史蒂夫与自己和安迪说话时，非常谨慎小心，但是眼前的他，表现得如此出色，直接、友好，并且讲了一个很棒的故事，来分享他的见解。

"所以，"史蒂夫笑了笑，"你们公司最重要的价值是什么？而你们预备怎么体现这个价值？"

珍妮突然间意识到，南角公司的价值观定义得不清楚。项目经理遵守公司最重要的指令，就是不要失去客户，尽量照着他们的要求做。所以，仙迪是在保护她和客户的关系，她的银行联系人不想南角团队直接和后台的软件用户沟通，讨论软件的需求。

"南角的价值是派遣最优秀的员工，为客户开发出最适用的软件！"珍妮做出了回应，"莎朗是对的。仙迪，请你规划如何解决这个问题，我们今晚就讨论。如果有需要的话，我会亲自和银行沟通这个问题，但我希望你能在我介入之前，就把问题解决。"

"我知道你们在想什么，"珍妮在把安迪和史蒂夫带到她的办公室的时候说，"我不应该当场对仙迪发号施令！但是史蒂夫，我很感谢你的这堂课，你是完全正确的。"

"事实上，"安迪笑着说，"我很高兴看到你介入这个问题，展现领导力，没有人说你每件事都要做得完美。其实，我也常会在挑战和聆听之间失去平衡，而且也没有任何保证，员工们会接受我的决定。另一方面，我在想刚刚在车上谈到的领导力，今天莎朗就在展示她的领导力。

"莎朗？"珍妮不解地问道。

"她个性比较害羞，但她确信项目经理犯了一个错误。当我们进来之前，她可能一直坚持着自己的观点，这就是当时感觉如此紧张的原因。后来，她又鼓起勇气发言，提出了和你以及那位项目经理不同的观点。"

"项目经理的名字是仙迪·蒙恩。"

"仙迪，对了，就是她。莎朗虽然不是项目经理，但她却在主导这场讨论。我不知道她日后是否能够，或是愿意担任领导的职位，但她对自己有足够的信心，能够坚持自己的价值观，而且有把握你会听从她的意见，从而可以改变状况。她帮你按照你想要的方式重新调整了方向，这种人选就是你应该去培养的领导者，也是企业成功需要的人才。而你，在听她说话的过程中，表现出了你对她的尊重：你听从了她的意见。"

"我对仙迪应该怎么办？"珍妮问道，"我在众人面前折了她的威严。"

"你这样做固然不好，"安迪表示同意，"但也不用对自己太过苛求。我发现当我深入一个新问题时，容易着急，向某人发火，但应对比较有经验的问题时，我会往后退一步，慢慢地处理。我正在设法找出一个适当的平衡点，但需要下功夫。同样的，你参与解决问题，可以鼓励士气，但如果过于严厉，又会失去员工的向心力。放松点吧，相信你下次会处理得更好，把你的精力放在重要的问题上：如何培养员工的领导力。"

珍妮认真地想了想，南角有哪些人起着领导的作用，无论这个人目前是否在管理职位上。她想到了泰瑞·鲍尔，这个年轻人一直让她头疼，但是他的专业技能却广受尊重，许多年轻程序工程师都很崇拜他。还有克里斯·威廉森、丹妮拉·韦伯、伊万·费瑞斯、莎朗·米勒等。

说到莎朗，她真的要好好改变一下自己对于这个女孩的想法了。同时，她也能理解为什么西蒙的离职对公司几乎没有造成任何影响。但在项目经理中，有哪几位能达到安迪的标准？

"你如何培养领导者呢？"珍妮重整思路，再提出问题。

"继续做你现在做的事，"安迪耸耸肩说，"首先，要管理变革。先教会员工如何面对不同的情况，按照项目的优先级，尝试解决问题。这正是仙迪的例子。你改变了她的想法，要求她应对一个棘手的状况，拿出一个解决计划，而不是避开问题。其次，必须进行有组织的学习。"

"这是什么意思？"

"我们都知道，学习是个人的事情。为了促进个人学习，我们把工作定义为：**工作 = 干活（遵行标准）+ 持续改善**。每个人通过标准作业而更有效地工作，同时通过持续改善，去改进与他人工作的方式。为了达成这一点，必须营造一个团队合作的环境来支持这个学习过程。史蒂夫，请你来描述一下，你如何管理你的区域？"

"我其实没做什么，我的班组长们做了绝大多数工作。正如安迪所说，每个操作员都隶属一个 5 ～ 7 人班组，5 个人最理想。每个班组都有一个班组长，他（或她）也是生产团队的一员，并不是一个经理的职位，而是一个班组的领导者。班组长总是和班组成员们在一起，以确保工作顺利进行，并且确认操作员都能掌握标准作业，并且通过持续改善去解决问题。每当一个操作员有问题的时候，班组长必须立即停下手头的工作，过去帮忙解决。如果问题不大，可以立刻解决；如果不能解决的时候，会打电话给我。安迪认为重点是，虽然是个人学习，但却发生在团队的工作环境里。每天早晨，就在晨休之前，班组成员会和班组长有一个大约 5 分钟的短会。"

"就像我们的站立会议？"

"没有那么复杂，"史蒂夫呵呵一笑，"真的只有 5 分钟，我的美国同事们称之为'聚头会'。班组长会指出前一天不正确的事情，并要求团队成员加以注意。很多时候，这是一个提醒团队有关标准的机会，安迪把它叫作每天的'学习时刻'。"

"也有部分主管将之视为'向员工传递信息的时间'，没有搞清楚真正的目的。我们并不想操作员参与到管理上的问题，那不是他们的职责；而是要求管理层能够支持员工，每天生产出合格的产品。所以，这个聚头会其实是以员工为中心的。"

"一次检查一个标准作业？"珍妮问道。

"是的，"史蒂夫确认说，"并且听取操作员的意见，我经常提醒班组长们，聆听是团队的黏合剂，他们一定要相互信任、互相帮助。"

"让我把它画出来吧，"安迪走到了她办公室的白板前，插嘴说，"下面就是我们的组织架构。"

"以及每个工位扮演的角色。"

安迪解释说："业绩与创造价值的组织架构休戚相关，我们强调遵守标准作业，明确区分合格与不合格，同时通过创新来不断改进。我想任何人都会同意以上的说法，但事实上，很少有企业具有能力去坚守标准，包括员工、设备、方法以及整个供应链。"

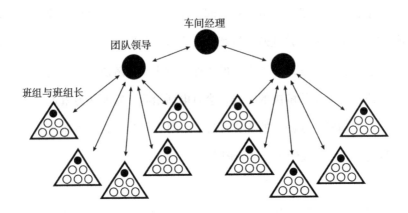

	班组成员	班组长	上级
安全	■	■	■
标准作业	■	■	■
记录异常情况	■	■	■
持续改善消除周期时间内的浪费		■	■
消除员工工作中的波动			■
重新平衡员工的工作			■

"我听明白了。"珍妮点头，心想如何在南角施展这套方法。

"所以，为了提高保持标准的能力，必须在组织里提升员工解决问题、学习和改变的能力。"安迪边找笔，边在白板上画了个圈，"我们达成目标的方式，是通过流程可视化，快速排除异常，提升个人解决问题的能力。这些能力最终会积累起来，变成一个企业解决问题的能力。最后，会转化为卓越运营，随之而来的是，卓越的经营业绩和滚滚而来的财源。"

"这也是我们正在学着做的事。"珍妮严肃地说。

"虽然你看到一些好迹象，但你会继续发现进展缓慢而混乱，而且看不出短期内，如何能稳定下来。"安迪接着说。

"这就是我们面临的处境。"珍妮点头，表示同意。

"万事皆在人。如果你没有建立一个合理的组织架构，去鼓励员工学习，而且又不清楚员工需要学习什么，那么你会做许多无用功。我劝你放松点，混乱总会发生的。看看我们的工厂吧，刚被收购时，管理领导的主要工作就是招人，他们其实都有能力，会把交给他们的任务完成，但我们要找的是愿意学习，并且有心培训下属领导的领导。虽然工厂里也有少数成功的例子，但大多情况下，这些领导并不愿意学习。所以，我们也不知道该拿他们怎么办，双方对彼此都感到失望。"

"的确很头疼。"史蒂夫悄悄地应声说。

珍妮盯着安迪在白板上写的字，若有所思。

"我想这是无法回避的，"她自言自语地说，"我打算从现在起，把精力放在标准作业上，尽管我并不知道该如何动手。"

"我想你的选择是正确的。"安迪同意地说。

"道场是一个有效的入门方法，"史蒂夫提出他的建议，"我们就是这样开始的。道场给了大家一个检查工作的平台，并通过相互观摩学习，定义出最佳实践。我要求每一位主管每天花 20 分钟观察操作员的工作，并检讨标准作业。"

安迪接着分享："我开始一个新工厂的时候，总是订立三个方向：

（1）到现场观察，访问每一个现场，让员工明白问题在哪里，并观察他们的处理方法；

（2）设立培训道场，要求管理领导在管辖的区域内，培训员工遵守标准作业；

（3）持续改善研习会，让员工能够跨越职能部门的障碍，一起来解决问题，改善流程。

这就是我们创造员工互动的方法，他们从道场中学习成长，并在持续改善的活动中创造更好的流程。"

"我一直听你在说：培训、培训、培训。但是，如果员工不想学习，怎么办？"珍妮问道。

"**在精益圈里，**"安迪露齿笑道，"**如果学生没有学好，那便是老师没有教好。**"

"如果我们辛辛苦苦培训了员工，但他们后来离开了呢？"

"如果你不培训员工，任由他们留了下来，你想会有什么后果呢？"安迪反问道。

珍妮用心地思考他的回答，不禁笑了起来。

加强团队合作

　　珍妮带着疲倦的语气问泰瑞："告诉我发生了什么事。"泰瑞把他的目光从笔记本电脑移开，脸靠着屏幕。即使以一个程序工程师的标准来看，他也是狼狈不堪，胡子拉碴而且睡眼惺忪。今天他没有穿平时最爱的那些印着俏皮语的T恤，取而代之的是一件灰色连帽衫，上面交织着头骨和刀的图案，一定是哪个她不认识的乐队。

　　她叹了口气，继续沉默以对。泰瑞是南角最有天赋的程序工程师之一，虽然她不喜欢他一副满不在乎的态度，但还是愿意给予他一些自由空间。她不认为服从纪律比个人能力更重要，但最近，泰瑞几次无法准时完成工作或者回应客户提出的问题。泰瑞的经理——丹妮拉，因为一个客户的抱怨，冲进珍妮的办公室，要求她采取制裁行动。珍妮也不喜欢这个小伙子，但是愿意再给他一次机会，从他的角度来听听究竟发生了什么事。

　　"好吧，伙计，够了，"珍妮终于打破了沉默，"丹妮拉告诉我，你在客户那里出了点状况？"

　　"是的，"他勉强咕哝着，"她果然去告状了。"

"她是你的主管，这是她的工作。究竟发生了什么事？"

"我知道，她的工作就是在背后盯着我。"

珍妮有个预感，这不是一件单纯的事。

"泰瑞，如果我不知道事实的真相，我就无法帮忙。到底发生了什么事？

"开除我吧，我才不在乎呢！"他咆哮着顶了一句，仍然怒视着他的电脑。

"我不打算开除你，"她耐心地说，"我不希望看到你因为搞砸了项目而失去工作，我们必须在你的脑袋和订单之间做出选择。"

"是啊，让公司丢掉订单会造成极大的损失，不是吗？"

钱？难道这就是问题的症结点吗？

"没错，但这不是问题所在。问题很简单，你是公司最优秀的程序工程师之一，我希望看到你和公司一起成长。"珍妮耐心地开导他。

"但那不见得是其他人的想法。"

"泰瑞，请听我说，没有人想让你失去工作。而且，也没有人有这样的意愿。"珍妮微微软化了她的语气，"尤其是你刚买了房子。"

那年早些时候，泰瑞曾要求她加薪，因为他一直想和他的未婚妻买栋房子。珍妮没有答应他的要求，但是找到了足够的理由，给了他一笔丰厚的奖金，这对于房子的首付大有裨益。

"唉，房子不再是个问题了。"

"好了，说出来吧。"珍妮放慢了语速，安静地听着，"到底发生了什么事？"

"没一件事对！"泰瑞几乎是吼着，终于用一种又痛苦、又愤怒的眼神看着她。"钱不再重要了，因为我未婚妻把我甩了，所以我放弃了房子。没有人关心在我身上发生了什么事，客户是一群浑蛋银行家，不管我做什么，丹妮拉总是责怪我，我受够了！"

珍妮心想，幸好知道了这些背景。她停顿了一下，理了理思路，默默埋怨丹妮拉，怎么没有事先报个信。

"唉，我也经历过同样的事。"珍妮慢慢地说道，打破了她长期以来在工作环境里不分享个人生活的原则。"那时，它对我的伤害实在太深了，没有任何事可以让我感觉好些。我不敢说我知道你的感觉如何，但我看到你闷闷不乐。你需要休息几天吗？要不要我给你重新安排到另一个项目上？"

泰瑞盯着他的屏幕，没有做任何答复。终于摇摇头说："不用了，我会恢复正常的。工作是这些天来唯一可以让我保持理智的事情。我知道我需要振作起来，如果你能让丹妮拉不要过分干扰我，我会尽力和她与客户合作的。"

"这我办得到。"珍妮松了口气，回答道，"我也会问问丹妮拉有关的细节。让我们观察一段时间，如果你不愿意继续这个项目，你和我可以一起寻找另外的机会。"

"非常感谢你的理解与帮助，老板。"

当珍妮坐回她的办公椅的时候，百感交集。一方面，她为自己发现了泰瑞的情况感到欣慰，她觉得自己已经成功地运用了安迪的原则，把泰瑞当作一个个体。另一方面，她对于自己必须承受公司里每个员工每天经历的个人事故，感到负担沉重。她回想起在奈普勒斯工厂里发生的那次女操作员没有绑好鞋带的事件，那个操作员伤了脚，但居然需要动员欧洲区副总裁亲自干预，去找女操作员的经理，帮她免除责罚。

她意识到，丹妮拉选择了用纪律来约束泰瑞，而没有花时间去找出事情的根源，因此她没有表现出尊重和关爱。珍妮开始有点明白"把每个员工当作个体对待"到底意味着什么。现在，她需要教会她的经理们也这样做。

她更体会了"领导软实力"的含义，唯有把每个人都当作个体对待，才能获得员工的认同，全力为工作付出。她已经从史蒂夫的谈话中，获得一次深刻的教训，再度发现自己往往就是问题中心。同时，她在每一个行动中，都需要展示南角的核心价值：最优秀的程序工程师为客户提供最适用的软件。

她要怎么样才能带领她的领导们也同样遵照南角的核心价值去行事呢？她对丹妮拉以及其他的项目经理的期待是什么？她把手提电脑放在腿上，然后列出了一个经理的职责清单，她要求他们能够：

- 交付完善的软件系统；
- 处理好客户关系；
- 发现新合约的商机；
- 减少返工，增加利润；
- 培养顶尖的程序工程师；
- 鼓舞团队振作起来；
- 处理每一天发生的事故。

还有：

- 帮助公司寻觅合适的员工，来应付业务的需求；
- 随时注意南角应该投入的新技术领域；
- 对员工表现尊重。

相当长的一个清单。另一方面，泰瑞或其他的程序工程师，也有一个清单：

- 个人的工作；
- 个人的生活状况（对于年纪较大的员工来说，就是家庭状况）；
- 个人的健康状态；
- 个人的抱负，追求金钱或事业，等等；
- 个人的背景。

那她该怎么做才能使两者挂钩呢？更重要的是，如何培养经理们把公司的需求和员工的需求连成一线呢？她画了两个圆，把这些需求分别画在圆圈里，然后盯着看，希望能把她从安迪那里学来的知识用上。"领导软实力"包含了丰富的内容：定义成功，尊重个人的自主性，通过开发个人或与他人合作解决问题的能力，来发展关系。

她画了一个三角形：

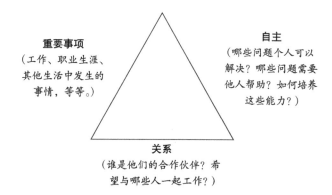

重要事项
（工作、职业生涯、其他生活中发生的事情，等等。）

自主
（哪些问题个人可以解决？哪些问题需要他人帮助？如何培养这些能力？）

关系
（谁是他们的合作伙伴？希望与哪些人一起工作？）

她盯着完成的三角图形，觉得还满意。回想起安迪的观点，公司是建立在员工的基础上，珍妮决定采取行动，丹妮拉应该是一个好的试点。但是天哪，那个女人可能会把她逼疯的！

"我仔细思考了你提出准时交货的概念，你用的词怎么说来着，喔，'交付时间'。"罗勃·泰勒一边享用虾肉和意大利面条，一边说道，"我不确定我们可以全面执行，但可以试试。"

珍妮内心在偷笑，但表面不着声色，这多亏了她这些年来练瑜伽的功夫。她告诫自己，耐心地听罗勃的说话，至少他已经开始改变了，每周三准时来参加他们的三人午餐了。"在我看来，我们有 4 种不同类型的商务活动：大型项目，订制的模块设计项目，定义不清的特殊项目，以及维护项目。"

"这正是南角公司的 4 个价值流。"她若有所思地点点头。

罗勃耸耸肩，又倒了一些酒。"我认为平均交付时间，意义不大，因为不同类型的项目都有其特定的交付时间。"

"我同意，但是平均交付时间可以给予客户一个大概轮廓。但我更喜欢你的提议，按照价值流来监测准时交付率。"珍妮回答。

"如果我们想把事情做好，那么必须在价值流上下功夫。"

听到了吗？听到了吗？珍妮内心暗自高兴，但表面上依然不着声色。

"怎样才算是优质的销售呢？我并不是说南角的销售做得不好，而是从如何改善的角度来思考这个问题。我同意公司在有足够人力资源的情况下去签订合同，才有意义。你们不得不承认，我的确很认真地倾听你们上次的谈话。其次，我们的确可以更有效地定义客户的需求，这对任何一个销售部门都是如此。第三，我们应该尽量引导客户，去使用我们已开发的现成解决方案。"

珍妮赞同地点头。虽然罗勃没有提及缩短销售的响应时间，以及如何与团队中其他成员更好地合作，但是他提出了一些有价值的改善建议，这是很重要的一个开端。

"我们上次讨论关于销售节拍的想法，我感到很新奇有趣，因此查看了一下历史资料，不管经济环境好坏，我们每年平均做 2 ～ 3 个大项目、100 个订制模块项目、100 个特别项目，维护项目则持续在进行中。所以，以节拍来考虑的话，每半年接一个大项目，每 3 天一个模块以及一个特殊项目。因此，应该如何按照这个节拍去销售呢？现在还没有什么好主意，但这的确是一个有趣的思考方式。"

"我也不知道，罗勃。"珍妮兴奋地回答道，"但你提出的意见非常有价值，我相信你会把销售团队带上正确的道路。"

罗勃的想法激发了珍妮去思考另一件事，新公司的并购即将完成，如何来搭建组织架构？她过去一直认为扁平的组织架构是最有效的方法，所以她对于建立一个中间管理层十分犹豫。当然，她可以按照现有的方式，直接管理项目负责人，但她没有时间去关注员工，特别是过去的一年中，发生了许多问题。她一直苦思如何创造一个能够反映"领导软实力"的中层经理结构。罗勃提出的价值流的想法是否能应对这个问题？她需要去深入研究，但是又不确定那些合适大型项目的管理方法，是不是也能应用在那些特定项目上？

"我可以换一个话题吗？"麦克开口了，当然没有任何人拒绝他，"我有一个惊喜给你们，"麦克在空中调皮地挥舞着双手，隆重地宣布道，"你被邀请参见南角大学的第一次课程，时间在星期五下午 2 点，在会议室举行。"

"什么？"

"你说过全权委托！"他摸了摸鼻子，插嘴道。

"我是这么说的，但是——"

"我一直觉得测试的过程很有价值，也很有趣。"他继续说，"但是，这对程序工程师来说是件很痛苦的事，因为他们每天都遇到问题，如何帮助他们解决问题，使之成为工作中的一部分？于是我想出了一个办法，每周五邀请一位程序工程师来分享如何解决问题。"

"如果你把在同事面前讲话视为一种激励的话，"罗勃说着，大声笑了起来，"我看这个作法大有问题。"

"我强调的是团队一起去完成挑战，"麦克并不在意，继续说道，"这样做，是希望把解决问题的技能，变成南角公司文化的一部分，成为我们的一个核心竞争力。"

"同样重要的是，员工认真地执行，"珍妮点头赞赏。她暗自高兴她的两个事业伙伴已经开始行动起来，可以支持她想推进的事情，至于这些举措是否成功，并不重要，重要的是他们已经行动起来了。随着时间的推进，总会有进步的。

"所以他们要在会中展示，是吗？这应该很有趣。"

"你对了一半，他们将会用 A3 来展示问题的解决方法。"

"A3？"罗勃问道，"这不是一个精益工具吗？"

"嘘，我不想多说，搞砸了这次的惊喜！"

这一次，珍妮和罗勃互看了对方一眼，感到既恼火，又好笑。

"顺便问一句，你那本书进展得如何？"在他们回到办公室的途中，珍妮询问麦克。

"谢谢你的关心，非常不错。那本书获得了不少媒体的关注，甚至可能有机会在一个全球大会上演讲。那是我去年忙的事，我又开始着手下一本新书了。"

"哦？"

"当我写《大数据时代的来临》时，我在书中讨论计算机如何交换数据，如何优化各自系统的操作，以及它为人类带来的价值。我已经把我想说的和可以说的话——像连通性、实时性、数据驱动等都写在书里。接下来，我想写些有关人类使用 IT 系统的经验，书名可以定为《超越直觉》。"

"你知道吗，认证工作可以让一些人着迷，但很多程序工程师不喜欢类似的工作。但是我深信，用直觉去发现问题，以及教导大家如何超越第一反应去思考，还是很有价值的。我真诚地相信，数据管理将会进一步解决人类的很多问题，珍妮！"

"真的吗？"珍妮对于麦克如此大的热情，不禁有点担忧，怕他耽误了南角的工作。

麦克并没有察觉，继续说："我们的员工会让你大吃一惊的。一旦他们开始动起来，便会去思考那些以前从未想过的事情，这种创新的激情具有无比的威力，它会演变出许多令你惊喜、感叹"噢哇！"的成绩。"

当他们回到办公室，她再也无法控制自己。"麦克，你知道我不喜欢惊喜。请到我的办公室来，告诉我你到底为星期五做了哪些准备。"

珍妮很惊讶地发现，麦克应用精益解决问题的思路与工具，发展出一套完整的体系。更令她惊讶的是，麦克，这位享有盛名的软件专家，将亲自主持培训课程。

"这是一个 A3 解决问题方法，"麦克兴奋地解释道，"重点是把一个解决问题的故事，总结到一张 A3 纸上。"

"A3 就是纸张的大小？"

"是的，你可以在复印机里找到的纸张，是办公室里使用最大一号的纸张。"他在珍妮的办公室里来回走动，发现了一张正面写着东西的 A3 纸，便把它翻了过来，在纸的背面涂画起来。

"**首先，定义问题**：我们需要把实际情况和理想状况之间的差距可视化。主要是要找出问题，并且用图表展示出现状以及想要达到的目标。如果我们不能做到这一点，就代表我们还没有弄明白问题是什么。"

"**接下来，分解问题**：把工作的流程画出来，找出究竟哪里出了问题，并列出可能因素。然后测试每一个因素，以确认哪个对问题造成最大的影响。"

"**第三，设定一个目标**：一旦找出最大的影响因素，可以从消除这些因素着手，设置一个完成后的目标。理想目标当然是彻底消除这个因素，依据进展情况可以预测完成的时间。"

"**第四，寻求根本原因**：为什么这个因素会出现？反复地提出问题，目的是要找出可以迅速付诸行动的对策，并且专注于此。"

"**第五，探讨 3 ～ 5 个替代对策**：如果只能拿出一个对策，那么可能还没有完全掌握问题的根本原因，需要继续去探索更多不同的对策。最后在结果和成本的基础上，挑选一个最佳方案。"

"**第六，落实行动计划**：提出实施方案的计划，并且按照计划进行。如果偏离了计划，需要及早察觉，是否错过了一些步骤？或者，行动滞后了？"

"**第七，检查结果和过程**：获得了预期结果吗？完成了计划目标吗？这就是所谓的认证。"

"**第八，调整或标准化**：如何确保这些结果能够维持呢？需要做哪些调整以确保新流程能持续下去？还有没有其他问题需要解决？学到的经验是否可以运用到其他部门？"

"整个故事呈现在一张 A3 纸上，把学习的思路表达清楚，便于沟通。"麦克有耐心地解释。

"在一张纸上？这会有什么帮助呢？"珍妮问道。

"这就是它高明的地方，你还没有领悟到。"麦克自顾自地笑了起来，"这张纸是一个了不起的沟通工具。看看顶部这里，除了标题还有几个框，"他边说边画着，"A3 的作者、负责辅导的老师以及填写日期。A3 的重点除了解决问题之外，更是支持辅导老师和学员之间交流问题的支架。"

"嗯。"

"举个例来说，我教你——嗯——如何利用云技术来存储个人资料。"麦克继续说。

珍妮挑了挑眉，瞪着眼看他。

"首先，我们必须对问题的描述达成一致，这件事比你想象中难得多。然后，必须同意对问题的定义，决定当前状态与标准的差距。这时，我们必须就标准是什么、理想状况、当前的状况以及如何测量等，达成共识！接着，我们要同意什么是最具影响力的因素、该如何测试以及如何验证。然后，找出一个目标，过低的话，不具挑战；过高的话，又不切实际。然后，决定根本原因是什么，有哪些可能的对策，并选定一个对策开始。然后，制订一个计划，按计划实施。然后，总结出影响，以及效益。最后，总结经验，把达到预期的方法定为标准，推广实施；没有达到预期的，按照 PDCA 循环，继续努力。"

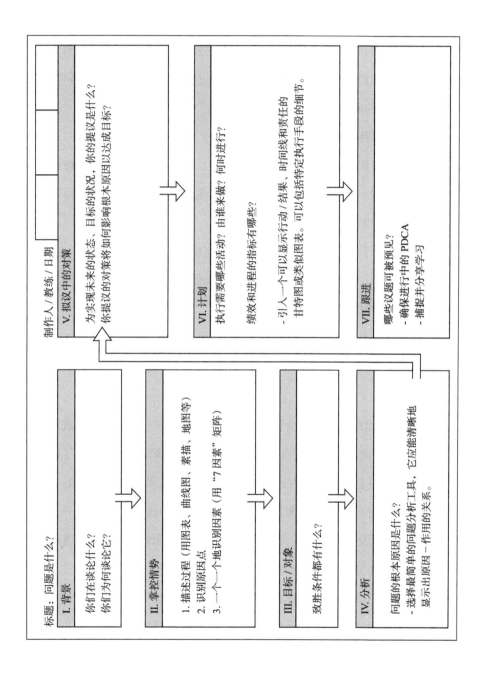

标题：问题是什么？

制作人／教练／日期

I. 背景

你在谈论什么？
你们为何谈论它？

II. 掌控情势

1. 描述过程（用图表、曲线图、素描、地图等）
2. 识别原因点
3. 一个一个地识别因素（用"7 因素"矩阵）

III. 目标／对象

致胜条件都有什么？

IV. 分析

问题的根本原因是什么？
- 选择最简单的问题分析工具，它应能清晰地显示出原因－作用的关系。

V. 拟议中的对策

为实现未来的状态、目标的状况，你的提议是什么？
你提议的对策将如何影响根本原因以达成目标？

VI. 计划

执行需要哪些活动？由谁来做？何时进行？

绩效和进程的指标有哪些？

- 引入一个可以显示行动／结果、时间线和责任的甘特图或类似图表。可以包括特定执行手段的细节。

VII. 跟进

哪些议题可被预见？
- 确保进行中的 PDCA
- 捕捉并分享学习

"听起来这个过程很正式，也很机械化，但直到你试过了，才能够领悟它带来的巨大威力。依我看来，A3 建立了一个创新平台，培养员工的基本技能，就像是音乐家用五线谱写曲和演出一样。A3 的妙处在于，学习者必须努力地探索学习；而辅导教练则引导学生遵照 PDCA 的过程，随时挑战学生的各种假设，并且帮助他们开拓思路，以期找出更多的对策。"

"这听起来的确很高深。"珍妮很慎重地说。

"还有值得强调的一点，因为在一页纸上，所以必须精简，没有废话。所以 A3 读起来就像一个简单的故事，容易和其他共事人沟通信息，获得对方的认可，或者还添加些意见。"

"你已经教会了我们的程序工程师，并且完成了一些 A3 报告吗？"

"布丁的好坏，吃了才知道。明天丹妮拉会做报告，你自己来验收吧。"

"丹妮拉？"她惊讶地问道。

"我绝对不会去选一个简单的挑战，哈！"麦克嗤嗤地笑了。

———

周五到了，她站在拥挤的会议室后面，看着丹妮拉·韦伯战战兢兢地逐步讲解她的题目："南角内部开发自动测试的实践"。丹妮拉仔细地讲完了问题解决的 8 个步骤，并且讨论她认为这个方法没有被很多人采用的 3 个原因。首先，自动测试是一个还没有几个人能掌握的技能；其次，电脑速度问题，一旦测试超过 30 分钟，便没有人愿意去做了；第三，当前的系统有许多历史遗留的问题，以至于常常不知道从哪里开始测试。

珍妮对丹妮拉的表现印象深刻，她有的时候觉得这个女孩不太靠谱，但是这次看到她严格地遵照 PDCA 循环，这都是麦克辅导的功劳。她过去几个月里专注于处理她和罗勃之间的问题，以至于低估了麦克的价值，拥有麦克真是非常幸运。她很佩服麦克，如此轻松地把解决问题的方法推展开来。他老兄甚至愿意监管整个项目验收的责任，而珍妮却有意让项目经理去负责。于是，麦克通过强加程序审查会议来回应她，就像大卫以前做的那样，只是计划得更周详。

会议室开始变得有点闷热，珍妮担心这个会议拖的时间长了。虽然好像只有少数人表现得很兴奋，但这并不重要，无论如何，这是麦克的一记高招。她突然起了一个狂想，眼前室内的热度配合丹妮拉的报告，说不定可以把整个公司锻造成一个坚强的锻铸件，她边想，边暗自咯咯地笑着。珍妮决定请麦克继续坚持每周五的南角大学课程，不管大家喜不喜欢。她希望训练每个程序工程师站出来、在其他人面前展示个人解决问题的办法，会进一步把整个公司融合在一起。这种反复的锻炼，会帮助员工相互学习、加强沟通，有助于建立团队合作精神。

珍妮发现她就站在泰瑞的背后，经过她与丹妮拉的沟通，他好像平静下来，逐渐恢复正常了。他正偷偷地发短信，他的 T 恤正面写着："现实生活之所以有麻烦，是因为没有刺激的音乐"。她感觉自己每天好像和一群活生生的、真人大小的幸运饼干在一起干活。她应该去订制一些印有"为什么？为什么？为什么？"的 T 恤，希望这些小混混会把她当回事。天知道，泰瑞很可能会穿一件印有"因为、因为、因为。"的 T 恤来回应她。

其实这些都不重要，她今天特别高兴，因为她终于看到南角公司正在采取具体的措施，来加强企业内部的实力。南角大学将让程序工程师觉得有归属感，在这个具有共同理念的工作环境里，可以和其他同事一起交流、学习知识。她开始领悟到"领导软实力"的一些门路了。

那是一个风和日丽的夏末黄昏，珍妮轻松惬意地坐在她的狭小的花园里，享受着被阳光灼晒过草地的气味，浏览着网页。当她在 iPad 上看到"**标准作业和持续改善**"的字样时，不禁会意地笑了笑。自从第一次在奈普拉斯工厂学习这个理念，她一直不知道该如何动手，现在她已经掌握了这些知识，感觉挺好。

珍妮加入南角公司之前，曾短暂地在一家银行的培训部工作，任务是设计一套帮助银行员工使用新 IT 系统的培训软件。目的是在接下去的几年里，用电脑逐渐取代大部分的员工，因此，她很不喜欢那份工作。

回想当年流行的"行动学习"，超越"课堂教学"，强调亲身实践，这和安迪提到的"从实践中学习"的理念相去不远。但现在，她看到一个"行动学习"的公式：

学习 = 程序化的知识 + 深度质疑

程序化的知识意味着学校里传统的知识传授。而深度质疑则鼓励采用提问题的方法，更深入地去理解问题。这让她想起让她烦恼多时的一个问题，如何"平衡作业标准和持续改善"。安迪可能会嘲笑她把事情变得过于理智化，但这几个月的经验确实帮她从不同的角度去思考问题。

这甚至体现在家里，珍妮发现自己处理事情的方式已经发生了微妙的转变。她越来越少地去"管教"女儿们了，取而代之的是更多地去倾听，更多地分享，并且尊重她们的决定。不知不觉中，她很少强迫女儿们去做事情了，老实地说，现在她更享受与女儿们在一起的时光。

珍妮觉得她对安迪提及的 3 个环节有更好的把握了：到现场去参观和探访企业如何创造价值；使用道场培训，传播组织型的知识系统；持续改善研习会，以增进洞察力，提出更多的问题。不知不觉中，豁然贯通！

在丹妮拉之后上台的是仙迪，她的表现也让珍妮震惊。仙迪是南角第一位接受道场培训的经理，她对正式解决问题的方法不感兴趣，因为她下意识地觉得，这些步骤是浪费时间。何况，作为一个管理者，她理应为她的团队成员解决问题。但是她对标准作业却甘之如饴，她在几年前曾主导 IT 质量改进的活动，严格地控制流程，把注意力集中在程序工程师每天的核心任务上，包括变数命名、文件路线、逻辑约定、表格结构等。许多程序工程师都认为自己已经知道应该怎么做，但在实际操作中，彼此之间却存在着巨大的不同，这导致了许多错误，所以她就和团队一起，共同设定了一套标准流程。

仙迪很骄傲地向珍妮展示了一个黄色的文件夹，一个装了纸质文件的夹子，而不是计算机里的文件夹，里面是她的团队已经同意的"标准作业"。珍妮还看到 6 页有关南角公司核心能力——如何编写程序的标准。这是她开始精益旅程以来，第一次真正触及了公司业务的核心技能。

珍妮过去从来不敢奢想，自己有一天会了解生产车间的运作。但是当她和安迪以及一些车间经理们站在供货架旁边的时候，她不再觉得浑身不自在了。安迪本来邀请她来看些别的事情，却不经意地卷入了一场教导员工的对话。她领教过安迪不能视而不见、从问题旁边走过而不去告诉员工的做法，他决不放过任何机会去鼓励员工采取行动。

"这个装满货物的容器重量在规定范围之内，但我承认它很沉重，"伦恩·巴顿厂长试着举起一个塑料容器。"我同意不应该把这些容器放在这么低的位置，搬动的时候可能会拉伤操作员的背肌。"

"为什么会发生？"安迪问道。

伦恩和提姆，珍妮第一次来参观工厂时，就认识的物流主管。两人站在那里回答安迪的质问。

"因为想把这些容器排放得美观。"提姆回答道，"这是我们第一次尝试一个平面超市，这样供应商的卡车来了，可以直接把货放在进货超市。我知道目前这里还堆积了太多库存。"

珍妮的猜测是，提姆一定受到了厂长的压力，要他在安迪来参观之前，把超市搞定。所以提姆就随便拿出一个速战速决的解决对策，但没有充分考虑人体工学。安迪一方面提问，一方面努力地克制自己。

"为什么会这样呢？"安迪继续问道。

"我知道你的想法，安迪，"伦恩·巴顿厂长回答道，"你一定在想，我们又一次把工厂利益放在了工人之前。我不是在为此辩护，但是我们得赶紧把工厂运行起来。"

"我知道你们很努力，而且做得很好。"安迪回答说，"你们经常重新安排物流货架，但每次操作员都不得不重复地弯下腰，费劲地拿起放在底层的箱子。我们必须用行动表明，我们是真的关心他们！你们想建立一个超市，这很好，但并不需要一口气就完成，是吧？听我说，员工第一，掌握好这个原则，想办法把操作员拉进来，一起解决人体工学的问题，没有人愿意在工作中伤害到自己。明白了吗？"

"我明白了，老板，"提姆同意道，并且与他的厂长用眼神进行了一次无声的交谈，"我们会组织改善团队，并且立即停止使用下层的架子，这样运货的伙计们不用把腰弯得这么低。我知道理想状态是，每个箱子都放在同一个水平，无须搬运，只要推就可以移动了。我明白你的想法，但还不知道该怎么做。"

"改变总是不容易的，"安迪点头说，"因为你们俩的工作都做得非常好，所以犯这样的错误可能会破坏辛苦建立起来的员工信任。记住长一棵树需要许多年，但是砍倒只需要几分钟，对不对？"

当伦恩和提姆离开后，安迪转向了她。"珍妮，非常抱歉。你明白我想让你来看什么吗？"

珍妮已经习惯了这类问题，但还是对被置于这样的窘境感到有些不爽。起码，她学会了不做反抗。

"我不知道，请告诉我吧！"

"你看，这些超市货架的旁边，放置了本地供应商的零部件。我们定期派卡车采用收发牛奶的方式，按照例行线路去取货，每天少量提取各种零部件，回来后再放在这里。在那边，你看到那些高货架了吗，那是来自亚洲，需要很长运输时间的零件，有些在上生产线上之前甚至需要整修。那边是不常用的零部件，只有在需要的时候才会进货。"

"你需要一个处理各种零部件的单一系统，这是你想表达的吗？"

"正是这样。我们需要一个能够应付各种状况的软件，克里斯做得很好，但是他仍然是以'一体适用'的方式在思考问题。我需要你们明白，不同的交货时间使我们以不同的方式和供应商们打交道。新系统要能呈现灵活性的同时还需要为未来的改变留一些空间，你明白吗？"

"我明白你说的。但是从 IT 的角度来说，这可能不那么容易实现。"

"我明白，珍妮，"安迪回答道，"我并不要求灵丹妙药，但希望看到一个清晰的问题描述。直到我满意了问题的定义，妮娜不会展开下一阶段的 IT 系统发展计划。"

"明白了，我会告诉克里斯。本周结束前，我们会把新系统的关键问题清单送给你。"

安迪提到下一阶段，难道奈普拉斯真的考虑系统升级了？就像克里斯曾经提过的吗？她开始明白为什么，安迪总是提到目标会不断移动，每当他们解决一个问题，新问题又会出现了，这难道就是所谓的持续改善吗？

"我最近忙，疏忽了一件事。"安迪陪她走出工厂的时候，抱歉地说。

"什么事？"

"很久没有到你们公司的现场去了。"他愧疚地笑了笑，"最近情况进展得怎么样？"

"我们一直在努力传授解决问题的方法以及执行标准作业，"珍妮回答说，"但迄今没有找到一个很好的平衡点。"

"的确不容易！"安迪表示同意。"没有标准作业，就看不清楚问题所在；没有问题，标准作业就得不到应有的重视。这就像手心和手背，你不能想只得到一面却不要另外一面。刚才关于物流的讨论提醒了我，我和伦恩与提姆需要一起弄清楚彼此的想法，以及预备怎么做。"

"这些琐事有时会令你倦烦，"安迪抱怨道，"但又会把我们引导回'领导软实力'的本位。解决问题是必要的，但同时也顾及相互尊重。尊重顾客的意思是通过最大的努力，去了解他们所重视的价值，并设法满足他们的要求；尊重员工的意思是提高他们的工作满意度。先决条件是和顾客和员工建立一个稳定而持久的关系，然后持续改善。我们看到问题后才会发表意见，这时必须冷静地去面对问题，多方沟通。大家都是凡人，难免会有些脾气。"

"我很清楚你所说的。"珍妮感叹地回应。她在南角也会时不时克制不住脾气而爆发。但这个夏天，随着员工慢慢地习惯了新的工作方式，公司的气氛似乎缓和了许多。她发现自己也更能容忍安迪直率的说话方式了，她意识到他的傲慢，掩盖了他在探索"领导软实力"过程中的挣扎。

"我们必须照顾好员工。"这已经是安迪在同一天第二次这么说了。"如果你不在乎员工的话，你就不会去培养他们。'领导软实力'的文化，就是当处理坏消息的时候，管理层需要格外地克制自己，做好心理准备，你同意吗？"

"我完全同意，"珍妮回答，"不过，我还不知道如何让我的经理们去认识这个问题。当我深入地去探讨问题时，发现有些问题有关个人的私生活。我必须教会经理们要将心比心，把员工的个人问题当作问题的一部分来看待。但是，我有时也很挣扎，到底应该涉入多深呢？"

安迪犹豫了一下，然后说，"某些情况下，最好的行动就是不采取行动。当我们培养中层管理领导去了解员工个人情况时，要告诉他们，不要采取仓促的行动。我们相信，良好的人际关系会产生良好的效果，但在实践中，要管理层和员工去维持一个良好的人际关系非常困难。所以我们的实践是：找出事实，权衡轻重，采取行动，检查结果。"

珍妮点头同意，接着说，"我的问题是，经理们往往不去理解员工的个人问题，急急忙忙地采取行动。最后总要我出面来收烂摊子。所以，我想'个案处理'也算是一种标准作业，是吗？"

"我猜是这样的，"安迪笑着回答，"但是不要低估了员工的巨大潜力，想象一下，如果每个员工都能发挥所能，并且都全力参与工作与持续改善，这个愿景可有多美好。"

"你看，"安迪指着大厅的建议墙说，"他们终于把它实现了。"

珍妮看到"每月最佳建议"的栏目，下面排列着镶着银星和名字的奖牌。

"每个月，工厂的评审委员会从已经实践的建议中，挑选出最好的建议案。虽然只是些简单的改善，但是终于可以向大家展示，公司对团队成员努力所做出的贡献表示感谢。"

"我感到特别兴奋，"他激情地继续说道，"当员工有了想法、项目或者建议，可以一路做下去，直到看见个人对公司的贡献被认可了。他们会说：看，这就是我做的。"

"每月最佳建议，而不是每月最佳员工？"她问道。

"每月最佳员工意味着某人表现超前。"他皱了一下眉，回答说。"事实上，许多经理们往往按照个人喜好，奖励个人喜欢的员工。我们奖励员工不是因为他们听话，而是认可他们对公司、对社会所做出的贡献。在我看来，这两者之间有很大的区别。"

安迪继续说："我们工厂在把奖牌挂在墙上之前，伦恩·巴顿厂长会亲自和获奖的个人握手，并且颁给他一个礼券，作为适度的奖励。我们不想用金钱来激励员工提建议，因为思考是工作的一部分；既然不用金钱，就改用其他方式来表达公司的感谢。我认为'领导软实力'中很重要一步，是弄明白哪些事对公司重要。我们不会让员工花力气去做些对公司没有大影响的改善。管理者的职责是去承担那些影响重大的工作，让员工们去处理其他的问题；同时有责任为员工提供培训与关怀，使他们的工作更有效率。而不是一遇到危机，就把他们推去做救火英雄。"

"此外，尊重的精神体现在持续改善，不断创新做事的方式，经过测试，然后说服同事们去应用。这样，每个员工都会有为团队做出贡献的机会，因而感到骄傲和自豪。我在过去的工作经验中，发现许多员工对未来充满恐惧，对过去充满愤怒。因此，我的梦想是要创造一个工作环境，让员工充满希望地面对未来，充满自豪地回顾过去。但是，如果彼此间没有相互尊重的关系，这一切都不可能实现，这是我们每天需要提醒员工的基本理念。"

安迪对自己又给了一次冗长的说教有点不好意思。"我们走吧。"他轻轻地说。

———

"好吧，"安迪好奇地说，"展示给我看看。"

"好呀！就在那边的屏幕，"伦恩边回答，边指向采购办公区的大平板屏幕。

"那是货车以收发牛奶方式的路线图吗？"安迪兴奋地问道。

"是的，"妮娜回答道，"每一行显示一个卡车的路线。你可以看到卡车收发货的状态，绿色表示正常、红色表示不正常。还可以看到卡车预期回到工厂的时间，就像一个火车站的显示板。"

"怎么做到的？"

"南角公司的朋友们帮忙建立这套系统。"伦恩笑着回答说，"驾驶员在离开供应商之前，通过手机，按1表示正常，2表示有零部件缺失，信息自动传输到管理系统中。虽然是个粗略的信息，但提供了收发货状态的实时监控。"

"还提供了持续改善的机会。"妮娜补充说，"过去当我们安排卡车路线的时候，忽略了交通状况，以至于不明白为什么某些路线的时间会有较大的波动。

自从使用这个系统后，我们可以更有效地听取司机的意见和反馈了。"

"太好了！"安迪高兴地说，"我以前没有见过这一类的对策。这就是你们认为南角已经准备好接球的原因吗？"

⟶

"你知道我们的 IT 系统需要升级。"伦恩告诉他。

"当我开始写 A3 计划时，我同意伦恩的观点，"妮娜补充说，"很久以来，我们就知道公司的 IT 系统陈旧，造成了许多浪费，但是又不知道该如何去改变。经过南角团队的努力，我们对当前的需求有了一个完整的规划。"

"这是一个艰巨的任务。"安迪回答说。他还有一句话没有说出口，还需要很大一笔资金。

伦恩和妮娜互相看了对方一眼。

"我把这个决定留给你们，"安迪说，"我相信你们明白，IT 系统升级会涉及大量的工作和麻烦。你们做决定吧。"

两人一齐点了点头。安迪真的不想看到，一个大规模 IT 系统的变化可能为工厂带来的混乱。但既然厂长和采购经理有信心，他会支持他们的。他很高兴看到两人在这个项目上能达成一致意见。一年以前，两人之间关系恶劣，见面也不打招呼，几乎在每个议题上都不对眼，尤其是生产与采购之间的对抗，当然物流是主要的争论焦点。

安迪不止一次地批评他们，但同时也提醒自己，双赢并不一定意味着双方都满意。后来，伦恩在态度上比较缓和一些，妮娜也渐渐明白了工厂的运营，不仅仅是采购与运输，还延伸到生产与客户。妮娜的工作相当出色，安迪想提升她为分部的采购经理，这个位置至今仍是空缺。但一旦这样做了，伦恩一定会把他的亲信提升上来，他边思考，边在脑中叹了一口气。哦，好吧，那将是另一天的烦恼，说不定那时伦恩已经开窍了。

南角获得一家大型银行从服务台到服务器维护的重大的合同。

"仙迪！为你干杯！"珍妮举起手中的香槟酒，高兴地说，"你做到了！"

"干杯，干杯！"麦克真心地，向高兴得有点不知所措的仙迪敬酒。罗勃也满脸笑容，高兴地参与庆祝。南角的三个老板邀请项目经理仙迪一起午餐庆功。特别值得高兴的是，这个银行项目并不是南角业务计划中原定的目标，是个意外的惊喜。

"你是怎么搞定的？"麦克一边问，一边喝完了酒杯里的酒，再倒满了。

"我也不知道，真的，"仙迪一向滔滔不绝，但是现在却找不出适当的回答，"这一切就这样发生了，真的。"

"说来听听，这是个很有意思的故事。"麦克不放过仙迪，珍妮则安静地坐在一旁，喝了一口甘甜的普罗塞克酒，她已经知道这个故事了。珍妮很高兴仙迪向她做了项目汇报，她沉稳地做出决定，并且让仙迪出马去谈项目，而不是像从前那样由她亲自出马。这个感觉太棒了。

"嗯……我想是从道场培训开始的。我过去总是为程序工程师不按照标准作业做事而抓狂，原本计划每天进行 20 分钟的培训，但就像当年实施质量管理那样，程序工程师并不是不知道标准作业，但就是不按照标准作业去做。我突然想起，有一次奈普拉斯生产车间的经理告诉我们，员工不遵守标准作业都有其原因。很多员工没有了解，标准作业不是法规，但却是正确的操作方法。标准作业是一个目标，我们必须努力地去实现。"

"说得好！"罗勃赞叹道。

"谢谢。我以前没有领悟到，解决问题是为了实现标准作业。所以，必须先去了解程序工程师遇到了什么障碍妨碍他们实施标准作业，进而帮助他们解决。这样做了以后，情形好转多了。

　　"我终于觉悟了，"仙迪向珍妮咧嘴一笑，"我开始琢磨标准作业以及问题解决的培训，两者是相互关联的。我们的银行项目随着团队合作，不仅交付能力提高了，而且实际为那些银行的 IT 伙伴们解决了问题。有一天我听到银行客户抱怨，投诉热线需要花他们很多时间去处理。虽然南角开发的应用程序也造成一些问题，但相比之下，比其他公司好得多，这的确很让银行的 IT 客户头疼。我原来想，反正不是我的问题，但有一次和珍妮聊天，她提到南角的目标是为客户提供更多的创新方案，并且把当年创建公司时曾有过的乐趣带给员工。"

　　三名董事互相交换了一个眼神。

　　"然后，我转念一想，管它呢，让我试一下吧。于是我告诉我的银行联系人，我们可以帮助他们，解决其他公司的程序问题，只要给我们足够的程序控制权。对方同意让我们试一个程序，于是就这样开始了。幸运的是，我们展示了一些立竿见影的效果，很快地，银行就把整个流程，从服务台到四个主要的应用程序的维护，都委托给我们。"

　　正当麦克和罗勃追问仙迪，打算如何进行的细节问题时，珍妮不禁想起仙迪的改变，过去是一个既不喜欢流程也不具主动性的中层主管，现在却信心满满地担起重任。珍妮也曾考虑，自己去游说客户，将维护外包给南角公司，但是一直没有找到机会。仙迪的主动，开拓了珍妮的思路，这真是一个借由培养员工来达成公司成长的好例子。珍妮也因此看到了"接球"的威力，她说服了仙迪，既为公司创造价值，也为个人创造机会。这是一个连接公司目标与个人成就之间的最佳境界。

　　这一切都很美好，甚至比美好还要好，简直太棒了。珍妮非常兴奋，因为不只是仙迪和丹妮拉，其他几个程序工程师，像克里斯、泰瑞和莎朗也都表现得很好。虽然如此，珍妮对于目前的工作方式还是感到不踏实。她承认仙迪搞定的新合同，如果按照她过去的老方法管理，是不可能发生的。但是过去她能掌握公司业务的状态和进展，一切由她做决策，员工们去实施。而现在，项目由员工们自己完成，这套方式既让珍妮感到失去了什么，但又让她充满了希望，相当矛盾。她鼓励自己，就做一次乐观主义者好了，好事可能会继续发生，但是挫折也只不过是另一个需要解决的问题罢了。只要她把客户价值和个人期望连接在一起，问题就能迎刃而解，真正的挑战是，公司里有多少个仙迪在她的眼皮下，但她却没有发现？

"安迪？我是珍妮。我打电话是要感谢你，妮娜的订单已经在我桌子上了。"

"不用谢我，"安迪在电话那头笑着说，"我是持反对意见的，但妮娜和伦恩联合起来对付我。"

"我的意思是感谢你为我所做的一切。我们刚刚召开了南角的股东大会，公司的业绩表现优越。"

"太好了！那你可以考虑给我们一个优惠的价格。哈！"

"一定会的。真的，你教给我们的理念与方法，已经完全改变了南角的成长轨迹。"

"听到这个消息，太好了。但挑战还在后面，我们需要在不搞砸业务的基础上，顺利地完成这次 IT 系统升级。"

"我们不会让你失望的，"珍妮说，"另外，我有一些新的体会，愿意和你分享。虽然我们已经在很多不同的问题上，运用了解决问题的工具，有些情况下，员工能提出很聪明的解决对策，而多数情况下，员工只是走走过场，提不出什么有创意的对策。"

"是的，我也遭遇过同样的情形。所以你的发现是？"

"我根据不同的案例来分析这个问题，我发现问题解决对策的质量取决于团队解决问题的合作力度。我想不出更好的方式来解释。"

安迪在电话线的另外一头，保持沉默。珍妮问道："我的解释方法错了吗？"

"我觉得你说得很对。"安迪回答，"我也一直在思考这个问题，我相信你是正确的，正是团队合作的力度，决定了生产对策的质量。你的想法绝对正确。"

"你认为有道理？"

"非常有道理！"他兴奋地同意说，"我正在思考当前遇到的问题。一个团队在一起尝试许多不同的想法，因而会提出聪明的对策；而在其他情况下，一些员工只是做表面工作，当然得不出什么结果来。我知道如何帮助员工去理清问题，但并不知道如何去加强他们的合作力度。在某些情况下，员工可以紧密地一起合作，而且发展出超级棒的对策；但在其他的情况下，员工的讨论却无交集。由于个性不合？我也不知道。谢谢你把这个问题提出来，看！青出于蓝。我喜欢你的解释，我们必须找出一种加强合作力度的方法。"

"我还有一个问题。"她边说边暗自得意，她居然也能教他一些东西。

"你说吧？"

"过去一年里，我从你那里学到很多，但是我想知道，你有什么收获？"

"当然啦。有很多，让我想想……"

"如果没有的话——"

"等一下，等一下，我正在思考呢，"安迪边整理思绪，边回答，"第一件是我对 IT 有了新的认识，过去认为 IT 是个必要却很麻烦的玩意儿。你知道，我只会在系统接近崩溃的时候，才会去和 IT 打交道。明知 IT 是不能缺少的系统，但是修改历史遗留下来的包袱，需要花很多钱，而系统又常常需要更新，还有许多软件我们根本不知道如何使用。"

"但我最近已经认识到 IT 是开展业务的一个战略工具，而且随着软件技术的发展，IT 战略性的角色会变得越来越重要。我指的不仅是 ERP 以及电子邮件系统，我更关注产品开发的工程软件。我希望能在公司内部建立一个更开放的信息环境。在这件事情上，还要多听听你的意见。"

"我会把我们的技术副总麦克·温布利介绍给你，"珍妮回答说，"我相信他会针对你的问题，提出很多有趣的想法。"

"那太好了。第二件，供应商的关系远远超出生意上的讨价还价。我猜这就是为什么我的老板菲尔，让我负责供应商发展的挑战。通过和你一起工作，我认识到把供应商当作盟友，可以从彼此的创新和发明中受益，这对我来说，的确迈出了一大步。如果我和其他主要供应商经常沟通对话，说不定可以帮我们发现更多的产品创新，我过去从来没有这样想过。"

"你的意思是从供应商那里获得建议吗？"她问道。

"你说得对。一旦与供应商建立新关系，既让他们明白我们的问题，同时，也能借此了解他们的作业。这样，我就可以对他们提出的解决方案，做出正确的判断。"

"关于'领导软实力'方面，有什么想法吗？"

"你指的是，除了我在说教时，听起来傲慢之外，还有其他的想法吗？"安迪笑着说，"让我想想。我认为'领导软实力'的基本模型是一种聆听和挑战的平衡，传授解决问题方法与实际参与的平衡，以及团队学习和团队合作的平衡。我看到的是，只要放手让员工去尝试，就能从员工提出的问题解决对策中学到很多。所以我问自己：斯温顿工厂教会我什么呢？"

"答案是把公司的发展和个人的成就串联起来。作为一个领导者，我必须把企业变革转换为员工的具体工作。作为一个经理，我需要定义挑战，教育员工如何改变个人的做事方法，并且学习不同的方式。我低估了在这个过程中，我个人的学习机会。菲尔非常清楚外部变化总是比内部变化来得快，但我却反应迟缓。举个例来说，我对 IT 看法的转变，彻底地改变了欧洲区的潜在市场。所以，你们在学，我也在学。"

"你就是问题所在！哈！"珍妮把握机会，开玩笑地说。

"啊，又栽在你的手里了。"安迪高兴地笑着说，"我同意我就是问题，是否能取得优异的成绩，取决于我的学习能力。每个人只有在良好的人际关系中，才能好好地学习，天天如此！"

　　"回头想想，"珍妮笑了，"当你告诉我'你就是问题'的那一天，启动了我的学习旅程。我过去常常充满恐惧地面对每一个工作日，而且容易对于每件事和每个人生气。现在，公司的增长速度比我想象中更快，我明白唯一的限制，是我能否快速地培养人才以及领导力。正如你曾经说过的，正面地期待未来，骄傲地回首过去。"

结　　语

"恭喜你荣获最佳供应商奖！"

珍妮很高兴见到安迪的老板，奈普拉斯的 CEO，菲尔·詹金森先生，她现在可以把菲尔的名字，从她梦想见到的名人名单中删除。珍妮坐在菲尔的旁边，这是一个宴会圆桌，她面前放着一个水晶制作的精致奖牌。菲尔比安迪还高，个子比他大，带着一副无框的眼镜，看起来比她想象的年轻一点。请帖上印着"业务便装"，意思是不用打领带，因此菲尔穿了一件牛仔衬衫，米色的西装上身。相比起来，珍妮穿得有点过于正式了。

菲尔说话比较慢，而且鼻音很重。珍妮两次在菲尔说话中途，以为他说完了，无意地打断了他。她提醒自己要特别留意，不要再在他说话停顿时，打断他的话。无论如何，菲尔的形象与她想象中的工业界泰斗不一样。但是他主持的奈普拉斯公司却是名声卓越，不仅企业业绩表现好，同时也是企业文化的一个模范，被誉为"明日之星"。

菲尔很慎重地说："感谢你给予安迪的教导。"

珍妮惶恐地回答道："正好相反，我从安迪那里学习到了很多。"

"学习是双向的，你们彼此互相学习。我过去几年一直鼓励安迪去开发供应商，作为他的个人改善项目。因为我们公司 70% 以上的成本，都来自供应商提供的材料和零部件，因此没有良好的合作关系，我们很难成功。当安迪告诉我，他选择了一家软件公司作为合作对象时，坦白告诉你，我很吃惊，而且抱着怀疑的态度。但我很高兴你们没有让我失望，结果出乎我意料的好。"

当珍妮听到菲尔说，他把安迪对南角的辅导，当作安迪的个人改善项目时，有点不知所措。

"我们对南角公司提供的服务很满意，特别是最近的系统升级。我们公司在全球其他工厂，有许多 IT 问题。你考虑过在北美设立分公司吗？"菲尔问道。

珍妮摇了摇头，谨慎地回答："我们目前成长太快，风险有点大。"

"你很谨慎，很好。但希望你对我提出的要求给予考虑。我和安迪讨论过，我们希望能把你们在欧洲做的项目，扩展到其他分部。"菲尔继续说道。

"谢谢你的美意，我们会很乐意帮忙的。"珍妮回答。

"这是你们辛苦努力的结果。"菲尔微笑地说。

"我们的成绩都归功于安迪的教导。"珍妮回答。

"口头指导起不到多大的作用，主要靠你们自己行动，这才是最困难的。"菲尔继续说。

"不断练习，是吧？"珍妮叹口气说。

"是的，熟能生巧。"菲尔同意。

珍妮鼓起勇气提出了一个问题："依你看，除了练习外，'领导软实力'还有哪些其他要素？我从贵公司学到最有价值的一课，是你们'以人为本'的企业文化。我们正在往这方面努力，把员工列为工作的重心。但是安迪并不喜欢和我谈理论。"

"安迪做事很有原则，这是他的强项。但有时也会因此产生问题。"他盯着珍妮问道，"你是在问我'领导软实力'有哪些要诀吗？"

"我很希望向你学习。"珍妮发现菲尔很严肃地在回答她的问题，心想不知道接下来的谈话会演变成什么情况。

珍妮这时注意到菲尔随身携带着一个小笔记本，外表看起来好像快翻破了，而且有些页已经脱落了。菲尔看着这个本子，深思后回答说："我们处于一个巨大而又快速变化的环境里，我不相信有万灵丹的解药，但我相信提出问题会帮助我了解状况。我相信现场是解决问题的地方，因此花很多时间到现场，去鼓励员工解决安全、质量、柔性生产以及生产效率等问题。由于日复一日地坚持，我看到员工的变化，公司也获得很大的绩效回报。这种锻炼使得我能更集中精力去处理那些有关企业战略、组织以及系统等更高层次的问题。"

菲尔娓娓道来："事实上，不仅是信仰，更需要不断地去锻炼。每当我在客户的现场和操作员以及经理讨论问题时，都能帮助我进入情况，更有效地去解决问题。我认为精益思维是一种战略，持续改善以及团队合作是一个指南针，帮助我与员工去应对那些随时改变的客户需求。此外，精益思维还有社会层面的意义；我们制造高质量的产品，减少过程中的浪费，来节省社会资源，所以招引客户来购买我们的产品。同时，造车先造人，我们用道场培训，关怀员工，团队合作来留住人才为公司效力。因此，企业的各级经理们都被要求到创造价值的现场去找出问题，借由员工的参与持续改善，不断地创造价值，并且减少浪费。"

"因此，这些持续改善活动为你们公司带来了惊人的利润。"珍妮点头说。

"这的确是一个重要因素。其实，我们和竞争对手都面临同样的价格挑战，相似的材料成本与劳动成本。唯一不同的是运营方法，我们不断地实施改善、消除浪费、提升生产效率，把成本降到最低，但绝不偷工减料。我们之所以赚钱，是因为客户喜欢我们的产品。"菲尔解释说。

"提升生产效率，说得好！我当初开始学习改善时，因为没有一个清楚的改善目标，往往感到不知所措。"珍妮回忆说。

"我们是从'做'中学。"菲尔回答。

"我现在明白这个道理了。但当时，我不习惯改善，又没有明确的目标和方法，当然也不会有什么预期成果。"珍妮说。

"其实，持续改善是一个管理套路，而不仅是一个提升生产效率的方法。我们最大的挑战是，如何培养出更多的领导者，而不仅是追随者。目前看来，最有效的方法莫过于，让领导花更多的时间到现场去，组织讨论，分享个人的观察与对问题的看法，或解决问题的对策，等等。因此，我要求主管们尊重员工的知识与经验，到产生价值的现场，去支持员工从事持续改善。"菲尔回答。

"你说的是观察与确认。"珍妮接着说。

"在一位辅导老师的带领下，到现场去和领导与操作员讨论问题。"菲尔回答，"其过程有点像直升机直上直下，快速地针对题目，深入讨论；然后，很快地总结经验，把技术层面的心得，应用到战略上。"

"你身为 CEO，现在还有辅导老师吗？"珍妮问道。

"当然，我的老师罗勃·伍德先生，10 年前指导我在第一家企业里，实施精益转型。我在他面前，还像个小学生，常犯错误。除了他之外，我还有其他几位老师，各有所长。但你会发现，最难的是，如何维持提出问题并且心存改善的态度。"菲尔回答。

"当你对现场不再有兴趣时，就是你出售公司的时候，对吗？"珍妮半开玩笑地问。

"这一定是安迪多嘴，我的确常这么说。"菲尔笑道。

"其实，我也有同感。但每当我在客户或员工那里，学习到新的知识和经验后，我的想法就会有所改变。"珍妮分享她的感受。

"那代表你已经开始领悟'领导软实力'的理念。这可是精益的精华，其他都是技术层面的道具。前面说的那些，不仅是为了个人学习，更是为了培养个人的领导力。从自我锻炼开始，当我想了解一个部门的运营时，我会要求领导去从事改善，我并不期望他们能把问题解决，但彼此间可以对问题达成一致的认识。这些互动帮助我去思考问题，并且找出方向。将来你把从安迪那里学会的辅导方法，用来辅导你的领导，这个圈圈就会越扩越大。那你的辅导对象是谁呢？"菲尔语重心长地问。

"你会找出当前最需要改善的地方，希望借由改善为企业创造更多的商机。然后，可以在不同的时间、地点，去协助不同的员工。这样做你会逐渐看到情况变好，公司业务有所增长。但你一停下来，一切又回归原点。"菲尔继续说。

"我同意你的说法，也有同样的体会。"珍妮接着说，"但你喜欢这份工作吗？"

"我很喜欢。"菲尔回答。珍妮心里在琢磨，难道这就是菲尔的养生之道，怪不得他看起来这么年轻。"难就难在开始，上手后会逐渐轻松。由于不断的挑战，我会认为这份工作很有趣，即使我跋涉全球，旅途劳困，还是觉得很值。我爱好工程，每天都在现场与工程项目打交道，解决各种问题。每当我看到团队为客户开发出新的解决方案，或者降低了生产成本，而让客户满意时，就有种特别的成就感。因此，大家虽然辛苦，但很有价值。我不否认我喜欢成功。"

"当我开始学习'领导软实力'时，我是个不及格的 CEO。但我尽量往前看，目前公司运营得不错，业绩出乎我预期的好。除了个人满足感外，我认为我们应该与其他企业分享成功经验，并建立良好的关系。过去，我认为 CEO 的责任是出点子，并且解决技术问题。但今天，我可以把任务交给领导们去承担，感觉上很不一样，因此，我很重视领导培养。员工们的表现让我大开眼界，让我跌破眼镜，绝不可以貌取人。就以安迪为例，我第一次见到他时，心想此人不会留太久，但看看他今天的成就。反倒是有几个当年的'明日之星'，后来相继离开了公司，因为他们既不愿意聆听，也不愿意学习。我特别高兴看到那些愿意学习的领导，当他们和团队一起合作时，屡创佳绩。总体来说，我们有一个很好的团队，彼此相互学习，令我非常欣慰。当我在中国的工厂里看到一位女操作员在她领班的鼓励下，为我展示她的改善建议时，我立即把她的建议传给北美的产品工程师，告诉他们，这位女操作员希望通过她的建议，帮助公司生产出更优良的产品。这是我非常自豪的一刻。"菲尔很有感情地分享着他的经验。

当珍妮向安迪告别时，安迪问道："今晚一切都还好吗？"他站在菲尔旁边，一身的三件套西服，看起来有点呆气。

"一切都非常圆满！"珍妮笑着回答，"但你总说，没有问题就是大问题，因此，我这样回答没有问题吧？"

菲尔忍不住笑了出来，看着安迪。

安迪笑着回答说："你真是会搞笑，这场供应商餐会费了我不少工夫。你知道我不喜欢这种正式场合，又要握手，又要寒暄，但是美国总部做得很成功，我只得学习照办，希望下次能办得更好。"

"今晚的餐会的确很成功。非常感谢！"珍妮赞美地说。

珍妮转向菲尔说："谢谢你，詹金森先生。承蒙赏识，邀请我们去北美发展市场。我今晚很高兴有机会向你请教，我刚刚起步学习'领导软实力'，今后还有很多问题需要向你讨教。"

"最大的空间就是改善空间，"菲尔愉快地笑着说，"你做得很好。我诚心地希望你们能来北美，帮助我们改善 IT 系统。你今晚提出了很多好问题，对我很有启发，我们今后可以相互学习。晚安！"

第二天早上，珍妮在南角公司的现场，旁观安迪和菲尔两人低声交换意见。菲尔昨天曾问她，是否今天可以到南角来参观，当然安迪会陪同他一起前来。珍妮不禁注意到，今天南角的现场和第一次安迪来访时，的确有很大的不同。

当她后退一步，用菲尔和安迪的眼光来观察南角公司的现场时，她禁不住对南角团队所做出的努力感到自豪。办公室里显得相当忙碌，可视化管理板处处可见，程序工程师按照团队的需要，自主地安排空间，包括计划展示板、问题解决的挂纸板以及墙上的信息板等。她回想起安迪曾经提醒过，墙上太多纸张会挡住视线，重要的是能从资料里找出需要的信息，而不要被过多的纸张埋没了。

菲尔手上拿着一张 A3，安迪正在为他解释。珍妮幸灾乐祸地在一旁看戏，虽然心有不忍，但很高兴有机会看到安迪被辅导的情况。菲尔参观了南角的工作现场，员工很亲切地与他打招呼，完全待以平常心，并不感到紧张。菲尔很安静，只问了些问题。她对这位不请自来的访客一点也不介意，既没有感到压力，也没有任何畏惧感。她知道这一切改变，来自学习奈普拉斯的系统，以及‘领导软实力’的文化，她由衷地感谢。因此，今天有她的老师安迪，以及安迪的老师菲尔，联袂到南角来参观，她衷心地喜悦，内心有说不出的感受。

～

珍妮看到安迪和菲尔正在讨论一个话题，她走过去听到菲尔对安迪说："记得'7'个假设吗？一定要遵照，不能少。"

"7 个什么？"珍妮问道。

"我们谈的是'7'个假设"安迪叹了口气，继续说，"菲尔是对的。在探讨问题的解决方案时，我们要求做出 7 个假设，而且每一假设都需要去认证。"

"为什么是 7 个？"珍妮继续问道。

"这是我的老师教我的。"菲尔回答，"一般来说，3 个假设很容易就想得到，但到第 4 和第 5 个时，当事人可能会失去耐性，随便抓一个来搪塞。但当你持续地进入第 7 个时，才会集中精力去思考，这时你可能会从一个完全不同的角度来看问题。安迪曾经教你去观察与认证，你们确实做得很不错。但我还要提醒一声，要常常开放你们的思维，去接受不同的意见。唯有多元化的输入，从不同的环境、不同的角度去思考，才能创造有价值的建议。我们需要给予员工思考的空间，鼓励他们去营造创新的思维。但除了想法外，还要经过认证的方法去评鉴。整个过程就是一个科学的方法，先有直觉，经过试验找出可行的对策。同样重要的是，记下那些不成功的例子，加上认证过的对策，总结出一个解决方案。"

"我明白了。"珍妮回答。其实她并没有完全听懂，心里只是在想，怎么才关了一扇门，这边又开了另一扇更大的门。

"我和菲尔在讨论的是，我认为你们在认证方面已经做得不错了。"安迪说，"目前可以就这样继续下去，不需要再增加新的方法。"

"但我认为第一次就应该把事情做对，"菲尔笑着回答，"你的员工会让你有惊喜的发现。"

"比如不断地反抗……"安迪咕噜地说。

"我对这件事也有一个想法，"珍妮侃侃而谈，"我思考过我和团队学习的过程，我认为是一个兴奋、失望，但以有趣结束的过程。"

"什么意思？我不明白。"菲尔问道。

"让我试着来解释，每次遇到问题，总是以好奇开始，然后去思考，找出解决对策，然后实施。之后，在实施过程中，当我们遭遇困难，或进行不顺利时，心里都感到很不爽，但重要的是不要气馁。最后，问题圆满解决了，大家都感到很高兴、有趣味。当我们从一个项目进展到另一个项目时，我发现每个人处理问题的过程都不同：有些人开始时很兴奋，但遇到困难时，却不能坚持，因此中途而废，转身又去接另一个项目；有些人虽然越过了困难点，但觉得原来的方法不好，因此不断地寻求新工具；还有些人对挑战具有信心，不断地移开各种障碍，等等。因此，我带领团队的做法是：正面地接受新项目，花时间去思考，寻求解决对策，准备迎接困难，决不放弃，最后分享成功的乐趣，也就是你所说的创新的喜悦。"

"好奇、压力、喜悦。"菲尔用他的方式重复了一遍，并记在他的记事簿上，"谢谢你的解说，很有深度，珍妮。我们知道如果项目不够挑战，大家觉得没劲；但太难，员工们又觉得太累，压力太大。但我从没有从过程的前后去分析，我同意你的说法，有乐趣才能鼓励员工们参与，并且持续。"

"我认为过度地强调问题解决，让员工一直处于高压下，将会失去好奇与乐趣的感受。"珍妮补充道，"我想你的'7个假设'的理论，就是想引起员工的好奇心，最终的目的是挑战员工，去解决问题。"

安迪和菲尔互相看着对方，安迪突然大声笑了出来，高兴地说："你把我们考倒了，真是青出于蓝。你说得对，我要求员工去学习，但并没有在项目开始时让员工们感到好奇与兴奋。我要好好检讨，立即改善我的方法。"

珍妮对于能和两位老师分享心得，感到分外高兴。安迪和菲尔离开后，珍妮回想起她的学习过程，开始时并不顺利，但她很幸运地遇到安迪，给予指导。虽然在这一过程中她承受了很大的压力，但也给予了她特殊的学习经验。昨晚的获奖对她来说，意义远不及她通过这场训练的意义来得大。她昨天晚上和菲尔的对话，以及今天和安迪与菲尔的交流中，两人对她提出的问题都很重视。她知道他们不久就会来找她讨论，并带给她新的想法。这种有实质意义的交流对她非常有价值。

当你发现脑子里的大问题已经被分解为许多小问题，而领导与员工正在努力一个个地解决时，你会觉得特别有谱。因为，你在思考的同时，员工已经采取行动，不用担忧情况不能掌握。你需要做的就是到现场去观察，找出问题，做试验，认证，然后寻找下一个机会。在你工作期间，往往有机会听到员工的新建议，你希望能抓住机会告诉员工，我们会采纳你的意见，并且立即去尝试。这时，你的员工会全心全意地参与，觉得个人是公司的一分子。你突然发现他们的价值，并且愿意和他们一起去解决问题，帮助他们成长。员工团队将是你搭建未来的基石，他们会改变企业的未来，如果你不能抓住这些机会，将很难达成你的理想。

　　下星期将是一个新的开始，明天同样是新开始，我们还是赶快抓住当前，立即开始行动吧！

译者简介

赵克强

精益企业（上海）管理咨询公司总裁。曾在全球100强的跨国公司中负责管理工作30年，涉足的领域包括产品开发、生产制造、全球采购等。1995～2001年曾担任德尔福汽车系统中国区总裁，退休后成立精益企业，在中国推广精益思想与应用。

张炯煜

张炯煜，从事制程设计，生产管理，供应商开发逾30年。曾任职美国通用、德尔福、雷神等公司，也曾主导郑州宇通客车的精益变革。

精益企业中国（LEC）是一个非营利组织，目的在推广与传播精益思想，搭建精益知识平台，促进精益实践，帮助中国政府及公益团体提升管理，各型企业增强竞争力，并且引领精益人才建设。是全球精益先驱美国精益企业研究所（LEI）的中国结点，全球精益联盟17个国家会员之一。

欢迎访问 LEC 网站：www.leanchina.org。